창의력을 키우는 App Inventor
앱 인벤터

코딩과 앱을 한번에

연두에디션
Edition

창의력을 키우는
앱 인벤터

발행일 2019년 7월 15일 초판 1쇄
지은이 김경희 · 김혜란 · 문혜인
펴낸이 심규남
기 획 염의섭 · 이정선
표 지 김승일 ㅣ **본 문** 이경은
펴낸곳 연두에디션
주 소 경기도 고양시 일산동구 동국로 32 동국대학교 산학협력관 608호
등 록 2015년 12월 15일 (제2015-000242호)
전 화 031-932-9896
팩 스 070-8220-5528
ISBN 979-11-88831-19-7
정 가 23,000원

이 책에 대한 의견이나 잘못된 내용에 대한 수정정보는 연두에디션 홈페이지나 이메일로 알려주십시오.
독자님의 의견을 충분히 반영하도록 늘 노력하겠습니다.
홈페이지 www.yundu.co.kr

본 도서는 답안을 제공하지 않습니다.

※ 잘못된 도서는 구입처에서 바꾸어 드립니다.

PREFACE

4차 산업혁명 시대에 진입하고 있는 지금, 무엇보다 중요시 되고 있는 것이 창의력이다. 창의력을 고취시키는 방법으로 소프트웨어 교육이 주목받고 있으며, 이는 비단 우리나라 뿐 아니라 전 세계적으로 바람이 불고 있다. 우리나라는 초·중·고등학교에 정규 교육과정으로 편성하였고, 많은 대학에서는 교양과목으로 채택하고 있다.

문제 해결 능력과 창의력 향상의 관심은 SW교육의 활성화와 코딩에 대한 관심으로 이어지면서, 세분화되고 체계적인 코딩 교육이 자리 잡아가고 있다. 창의성과 논리적 사고를 기르기 위해 시작된 블록 코딩은 코딩을 처음 접하는 초보자에게도 쉽고 편리하게 접근할 수 있는 대표적인 교육용 프로그래밍 언어(EPL : Educational Programming Language)이다.

또한, 스마트폰이 대중화되면서 앱에 대한 접근이 쉬워지고, 관심이 높아짐에 따라 앱 개발을 위한 프로그래밍 언어에 관심을 가지게 되었다.

초창기에는 자바나 운영체제별 앱 전문 프로그래밍 언어를 이용하여 앱이 개발되면서 대체적으로 앱 프로그래밍은 어렵다라고 생각되었다. 그러나, 구글이 제공한 오픈 소스 웹 애플리케이션인 앱 인벤터(App Inventor for Android)가 개발되었다. 그로인해 스크래치(Scratch)와 같은 간단한 블록 코딩 형식의 사용자 인터페이스를 이용하여 쉽게 객체를 드래그 앤 드롭하여 앱을 제작할 수 있어 누구라도 쉽게 스마트폰 앱을 만들어 설치할 수 있게 되었다.

앱 인벤터의 장점은 첫째, 레고 방식의 비주얼 프로그래밍 코딩으로 프로그램의 동작 과정을 이해하기 쉽다.

둘째, 별도의 프로그램 없이 웹을 통해서 코딩을 할 수 있어 입문 과정에 있는 학생들이 쉽게 배울 수 있다.

이 책의 전반부에는 앱 제작 과정의 상세한 설명과 절차, 꼭 필요한 컴포넌트를 활용하여 앱 개발을 체험해보고, 책의 후반부에는 다양한 컴포넌트를 이용 및 응용함으로써 조금 더 앱 인벤터를 넓게 활용할 수 있도록 커리큘럼을 제시하였다.

필자는 스마트폰 앱 개발을 처음 접하는 독자들에게 앱 개발에 대한 접근성을 높이고, 조금 더 생각할 수 있도록 다양한 연습문제를 다뤄 앱 개발과정에 대한 전반적인 이해와 앱 개발능력을 향상시키고자 한다.

더불어, 앱 개발의 시작점이 이 책을 통해 시작되길 바라며, 코딩 분야에서의 블록 코딩과 전문 프로그래밍 언어와의 가교 역할이 되었으면 한다.

저자
2019년 7월

강의 구성

이 책은 한 학기 분량의 강의를 기준이고, 한 학기는 15주로 가정하여 다음과 같이 진행할 수 있다. 각 장 별로 1주씩 진행되며 2장과 3장은 한주로 진행되고, 6장과 9장은 2주에 걸쳐서 진행할 수 있다.

1주	1장	앱 인벤터		
2주	2장	프로젝트 작성 및 앱 설치	3장	화면 바꾸기
3주	4장	사진 표시 & 사이트 이동하기	5장	미디어 컴포넌트 활용하기
4주	6장	변수 활용 및 목록 지정하기		
5주	6장	변수 활용 및 목록 지정하기		
6주	7장	함수 및 반복문		
7주	7장	함수 및 반복문		
8주	중간고사			
9주	8장	캔버스 & 펜 활용하기		
10주	9장	List를 이용한 앱 만들기		
11주	10장	조건문을 사용한 앱 만들기		
12주	11장	Sensors I		
13주	12장	Sensors II		
14주	13장	Social Components와 Storage		
15주	기말고사			

CONTENTS

App Inventer

CHAPTER **1** **앱 인벤터**

앱 인벤터는 누구나 쉽게 앱을 직접 만들어서 실행할 수 있는 프로그래밍 도구이다. 이번 CHAPTER 에서는 앱 인벤터가 무엇인지, 어떻게 사용할 수 있는지 기본적인 화면과 실행 방법에 대해 알아본다.

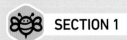

책 미리 살펴보기

앱 인벤터가 무엇인지 알아보기 전, 이 책이 어떻게 구성되었는지 함께 살펴보자.

(1) 프로젝트 이해하기

새 프로젝트의 중심 내용과 세부 사항을 확인한다. 프로젝트를 만들기 위해 사용하는 프로그래밍 요소가 어떻게 쓰이는지 프로그래밍 작성 전에 미리 알아보도록 한다.

(2) 완성 앱 미리보기

각 SECTION에서 제공된 완성 앱 미리보기를 통하여 작성하고자 하는 앱의 화면 설계를 확인할 수 있다.

(3) 디자인 설계

디자인 설계는 디자이너 화면의 작업을 보여준다. 즉, 앱 작성에 필요한 컴포넌트의 전체 레이아웃을 설계한다.

(4) 컴포넌트 설계

필요한 컴포넌트의 팔레트의 구분, 이름, 속성을 설계한다. 디자인 설계에서 사용할 컴포넌트의 전체적인 화면 배치를 확인했다면, 컴포넌트 설계에서는 컴포넌트의 이름 변경 및 속성을 변경하여 앱 화면에 표시되는 기본 값을 설정할 수 있다.(텍스트 색상, 글꼴, 크기, 배치, 너비, 높이 등등)

(5) 전체 블록코딩 소스

디자이너 화면에서 필요한 컴포넌트에 대한 배치와 모양을 변경했다면, 해당 컴포넌트가 실제 실행할 이벤트(동작)에 대한 설정이 필요하다. 이러한 이벤트를 블록코딩을 통해 지정할 수 있다. 따라서 블록은 컴포넌트가 동작할 수 있도록 기능을 부여해 주는 것으로 앱에 사용된 모든 컴포넌트에 대한 전체 블록코딩을 한 눈에 확인할 수 있다.

(6) 블록코딩 소스 풀이

전체 블록코딩 소스에서는 앱에 필요한 전체 블록코딩 소스를 확인했다면, 각각의 컴포넌트가 어떤 동작을 하는지와 컴포넌트에 어떤 블록을 어떻게 연결하는지를 풀이한 부분이다. 즉, 블록코딩 소스풀이를 통해 만들고자 하는 앱의 동작을 이해할 수 있다.

(7) 스마트폰 앱 설치

예제를 통해 만든 프로젝트를 앱으로 만들어 스마트폰에 설치하여 실행해 본다.

[연습 문제]

각 SECTION에서 다룬 컴포넌트와 블록을 활용한 연습 문제들로 구성하였으며, 연습문제를 통하여 반복, 응용 학습으로 각 SECTION의 학습을 정리하였다.

앱 인벤터^{App Inventor}란?

일반적으로 안드로이드 계열의 스마트폰 앱은 자바를 이용해 개발한다.

자바를 이용하는 방법은 어렵고 복잡한 사전 지식을 요구한다. 구글은 이러한 문제점을 해결하기 위해 2010년 오픈 소스 웹 애플리케이션인 앱 인벤터(App Inventor)를 개발해 무료로 제공하였고, 매사추세스 공과대학교(Massachusetts Institute of Technology : MIT) 미디어랩에서 지원 및 계발을 계속하여 2013년 12월에 '앱 인벤터 2.0' 버전을 내놓았다.

구글이 제안한 앱 인벤터(App Inventor)는 레고(Lego) 블록 조립과 같이 블록 결합을 통해서 손쉽게 프로그램 제작이 가능한 개발 환경이다. 단순한 프로그래밍 블록을 서로 끼워 맞추면 앱이 만들어지는 시각화된 언어이다.

앱 인벤터는 컴퓨터 프로그래밍을 처음 접하는 사람들이 안드로이드 운영체제용 응용 소프트웨어를 만들 수 있게 해준다. 스크래치와 스타로고 TNG 사용자 인터페이스와 매우 비슷한 그래픽 인터페이스를 사용하기 때문에 사용자들이 시각 객체들을 드래그 앤 드롭(Drag&Drop)하여 안드로이드 장치에서 실행할 응용 프로그램들을 만들 수 있다. 즉, 안드로이드 기반 휴대폰이나 에뮬레이터에 앱을 개발할 수 있도록 하기 위해 MIT에서 블록에디터(Block Editor)를 이용하여 누구나 손쉽게 안드로이드용 스마트폰 앱을 만들 수 있도록 제공해 주는 스마트폰용 앱 제작 도구이다.

웹브라우저를 통해 실행되는 앱 인벤터 도구들을 이용하면 자바와 같은 프로그래밍 언어에 대한 지식 없이도 간편하게 안드로이드 앱을 만들 수 있다.

명령어들을 직접 손으로 적어나가는 방식이 아니라 미리 준비되어 있는 블록들을 이용해 프로그래밍하기 때문에 Java(Adroid SDK) Processing과 같은 스마트폰 프로그래밍을 위한 특정 언어를 학습하지 않고도 프로그램의 논리적인 개념만을 통하여 본인이 원하는 안드로이드용 스마트폰 앱을 만들 수 있다.

앱 인벤터는 소프트웨어를 설치하지 않고 앱 인벤터 웹 사이트(http://appinventor.mit.edu/)
에서 직접 프로그램을 생성하고 저장할 수 있다. 그러나 웹 상에서 만든 프로젝트를 실행시켜
보기 위해서는 전용 에뮬레이터를 설치하거나 QR 코드를 통하여 앱을 실행할 수 있다.

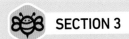

앱 인벤터 실행을 위한 준비

앱 인벤터는 앞서 설명한 바와 같이 구글에서 개발한 프로그래밍 도구이기 때문에 구글의 크롬(Chrome)에서 원활한 작업이 가능하다. 인터넷 익스플로러(Internet Explorer)에서 실행할 경우 멈추거나, 원활한 작동이 이루어지지 않을 수 있다.

01 먼저, 구글 크롬(http://www.google.com/chrome)을 설치한다.

02 앱 인벤터를 사용하기 위해 구글 계정이 필요하기 때문에 크롬 설치 후 구글 홈의 오른쪽 상단의 [로그인] 버튼을 누르고, [계정 만들기]를 클릭한다.

03 구글에 로그인한 후 앱 인벤터 사이트로 접속한다. 앱 인벤터 홈 화면에서 오른쪽 상단의 [앱 만들기] 버튼을 눌러 앱 인벤터를 실행한다. (http://appinventor.mit.edu)

04 [앱만들기] 버튼을 눌렀을 때 아래 화면이 실행되며 웹 사이트 주소(ai2.appinventor.mit.
edu)를 통해 바로 접속할 수 있다.

앱 인벤터 화면의 오른쪽 상단 [English ▼]를 클릭하여 [한국어]로 언어를 설정하면 앱 인
벤터의 메뉴가 한국어로 설정된다.

앱 인벤터 실행을 위한 기본적인 준비를 마쳤으면 앱 인벤터의 화면 구성을 미리 살펴보
도록 한다.

 **SECTION 4**

QR 코드 인식 앱 다운로드

앱을 만든 후 스마트폰에서 앱을 실행하기 위해서는 QR 코드를 통해 다운로드 받는다. QR 코드는 QR 코드 인식을 위한 애플리케이션이 필요하며, MIT AI2 Companion 앱을 주로 사용한다.(다른 QR코드 인식 애플리케이션 사용도 가능하다.)

01 안드로이드 폰에서 앱을 다운로드 받기 위해서 Play 스토어에 접속한다.

02 [MIT AI2 Companion] 앱을 검색하여 스마트폰에 설치한다.

※ QR 코드 인식 앱은 종류가 많으므로 어떤 것을 사용해도 상관없다.

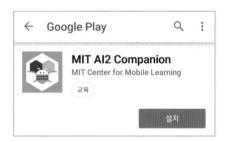

03 다운로드 받은 앱(MIT AI2 Companion)을 실행하여 [scan QR code]를 눌러 QR 코드를 인식할 수 있다.

앱 인벤터 화면 미리보기

SECTION 5

앱 인벤터는 앱 화면 설계를 위한 디자이너 화면과 각 컴포넌트에 기능을 부여하기 위한 블록
화면으로 구분한다.

(1) [디자이너] 화면

디자이너 화면은 스마트폰에서 앱을 실행할 때 볼 수 있는 화면으로 구성은 다음과 같다.

1. 상단 메뉴

① 프로젝트: 내 프로젝트. 새 프로젝트 시작하기, 가져오기, 저장, 삭제 등의 기능을 실행할 수 있다.

② 연결: AI 컴패니언, 에뮬레이터, USB, 다시 연결하기, 강제 초기화 기능이 포함된다. 안드로이드 운영체제의 스마트폰이 아닌 다른 스마트폰을 사용하는 경우 컴퓨터에서 에뮬레이터를 통해 앱 실행 화면을 확인할 수 있다. 혹은 스마트폰에 앱을 설치할 때 QR 코드가 아닌 USB 연결을 통해 앱을 설치할 경우에도 이 메뉴에서 이용할 수 있다.

③ 빌드: 스마트폰에서 앱을 다운로드 받기 위하여 QR 코드가 만들어진다. QR 코드를 통해 스마트폰에 앱을 다운로드 받은 후 설치하여 내가 만든 앱을 실행할 수 있다.

④ 도움말: 앱 인벤터를 사용할 때 어려움을 겪는다면 도움말을 이용한다. 앱 인벤터에 대한 테스트 수행, 디자인 환경을 미리보거나 튜토리얼을 확인할 수 있다.

2. 팔레트

팔레트에는 앱 화면 구성을 위해 사용해야 할 컴포넌트들이 속해있다. 앱 화면을 구성하고자 하는 각종 컴포넌트를 드래그하여 뷰어에 추가할 수 있다.

3. 뷰어

뷰어는 스마트폰에서 앱을 실행할 때 보이는 화면으로 앱의 디자인을 설계하는 화면이다. 컴포넌트를 뷰어로 드래그 앤 드롭하여 추가하고, 원하는 위치에 배치시켜 실제 앱에서 보일 화면을 구성한다. 다만, 뷰어와 앱 화면에서 보이는 컴포넌트의 구조가 약간 차이가 날 수 있다.

4. 컴포넌트

컴포넌트는 팔레트에서 뷰어로 추가하여 사용할 컴포넌트가 나열되어 목록으로 보이는 곳이다. 뷰어에 배치된 컴포넌트의 순서대로 나열된다.

5. 속성

속성은 컴포넌트에 대한 세부 설정을 하는 곳으로 컴포넌트의 종류에 따라 속성이 다르게 구성되어 있다. 컴포넌트의 속성에 따라 모양을 변경하거나, 앱에 표시되고자 하는 텍스트를 수정, 크기 설정 등 다양한 속성을 변경할 수 있다.

6. 미디어

컴포넌트의 아래에 위치한 미디어는 앱 작성에 필요한 미디어 목록이 표시된다. 미디어에는 소리, 음악, 동영상, 이미지 파일을 등록하여 사용할 수 있다.

(2) [블록] 화면

블록 화면은 블록과 뷰어로 구성되어 있으며, 디자이너 화면에서 설계한 컴포넌트가 동작되도록 블록을 활용하여 뷰어 영역에 코딩한다.

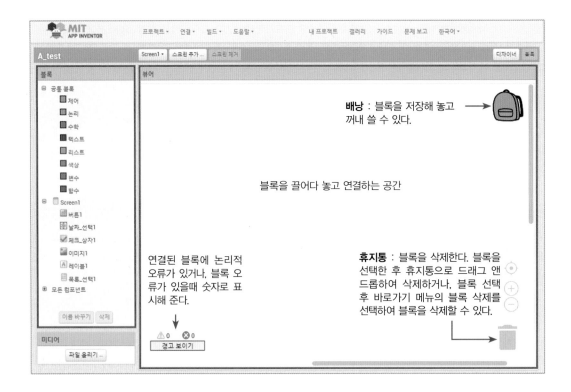

1. 블록

블록에는 공통 블록, Screen1, 디자이너 화면에서 추가한 컴포넌트, 모든 컴포넌트로 구성되어 있다. 어떤 블록을 선택했느냐에 따라 블록의 속성과 형태가 다르게 표시되며, 블록 색상에 따라 블록을 구별할 수 있다.

동작(이벤트)에 따라 필요한 블록을 선택하여 논리적으로 블록을 연결한다.

2. 뷰어

블록 영역에서 각 컴포넌트의 동작 실행을 위해 실제 사용해야 할 블록을 선택하여 꺼내 놓는다. 여러 블록을 조합하여 동작(이벤트)을 설정할 수 있다.

프로젝트 테스트 및 프로젝트 내보내기

SECTION 2에서 언급한 바와 같이 앱 인벤터는 안드로이드용 스마트폰 앱을 만들 수 있도록 제공하는 앱 제작 도구이므로 안드로이드 운영체제 기반의 기기를 사용해야 한다. 작성된 프로젝트를 테스트하는 방법은 다음과 같다.

1. 안드로이드 장치(기기)를 사용하며, 무선 인터넷(Wi-Fi)에 연결되어 있다면−

컴퓨터에 소프트웨어를 다운로드하지 않아도 앱을 만들 수 있다. 단, 안드로이드용 스마트폰에 SECTION 4에서 설명된 [MIT AI2 Companion] 앱을 설치해야 한다.

컴퓨터, 안드로이드 장치 및 Wi-Fi 연결이 되어있다면, QR 코드 인식 앱을 이용하여 스마트폰에 앱을 설치할 수 있다.

2. 안드로이드 장치(기기)가 없다면−

화면 안드로이드 에뮬레이터를 사용할 수 있도록 컴퓨터에 소프트웨어를 설치해야 한다.

에뮬레이터는 컴퓨터 화면에서 안드로이드 기기와 같이 작동하는 소프트웨어로 안드로이드 스마트폰이나 태블릿이 없는 경우에 사용한다. 에뮬레이터를 사용하기 위해서는 컴퓨터에 **Ai2 Starter**를 설치하여 실행하여야 한다.

■ Ai2 Starter 설치 방법

01 http://appinventor.mit.edu/explore/ai2/setup-emulator.html 접속한다.

02 사용하는 컴퓨터 운영체제에 따라 App Inventor 설치 소프트웨어를 선택한다.

> 1 단계. App Inventor 설치 소프트웨어 설치
> - Mac OS X 용 지침
> - Windows 용 지침
> - GNU / Linux 지침

03 만약, Windows 용 지침을 클릭했다면, 다음과 같은 설치 방법이 표시된다. 또한 Windows 가 아닌 다른 운영체제의 설치 방법도 설명되어 있다.

Windows에서 App Inventor 2 설치하기

App Inventor 설치를위한 Windows 소프트웨어 설치는 두 부분으로 이루어집니다 :

1. App Inventor 설치 소프트웨어 패키지 설치. 이 단계는 모든 Android 기기에서 동일하며 Windows XP, Vista, Windows 7, 8.1 및 10에서도 동일합니다.

2. USB 케이블을 사용하여 장치에 연결하도록 선택하면 Android 폰용 Windows 드라이버 를 설치 해야합니다.

참고 : App Inventor 2는 Internet Explorer에서 작동하지 않습니다. **Windows** 사용자의 경우 **App Inventor**와 함께 사용하기 위해 Chrome 또는 Firefox 를 브라우저로 사용하는 것이 좋습니다 .

App Inventor 설치 소프트웨어 패키지 설치하기

관리자 권한이있는 계정에서 설치를 수행해야합니다 . 비 관리자 계정을 통한 설치는 현재 지원되지 않습니다.

이전 버전의 App Inventor 2 설정 도구를 설치했다면, 최신 버전을 설치하기 전에 제거해야합니다. App Inventor 설치 소프트웨어를 업데이트하는 방법에 있는 지시 사항을 따르십시오 .

1. 설치 프로그램을 다운로드하십시오.

2. 다운로드 파일이나 데스크탑에서 **MIT_Appinventor_Tools_2.3.0 (~ 80MB)** 파일을 찾으십시오 . 컴퓨터에서의 다운로드 위치는 브라우저 구성 방법에 따라 다릅니다.

3. 파일을 엽니 다 .

4. 설치 프로그램의 단계를 클릭하십시오. 설치 위치를 변경하지 말고 나중에 드라이버를 확인해야 할 수도 있으므로 설치 디렉토리를 기록하십시오. 디렉토리는 Windows 버전 및 관리자로 로그인했는지 여부에 따라 다릅니다.

5. 알 수없는 게시자 의 프로그램 이이 컴퓨터를 변경 하도록 허용할지 묻는 메시지가 나타날 수 있습니다 . 예를 클릭하십시오.

3. 무선 인터넷(Wi-Fi)이 연결이 없거나, 데이터를 사용할 수 없다면-

앱을 실행하기 위해서는 스마트폰에서 인터넷을 연결할 수 있어야한다. 만약, 인터넷을 연결할 수 없다면 **USB**를 통해 안드로이드 기기에 연결할 수 있도록 컴퓨터에 앱 인벤터 설치 소프트웨어를 설치해야 한다. USB 케이블을 사용하는 경우에도 **[Ai2 Starter]**를 설치하여 실행해야 한다.

4. 만든 앱을 파일로 컴퓨터에 저장하는 방법-

앱 인벤터를 이용하여 만든 앱의 프로젝트 파일을 다운 받거나 다른 계정에 설치하고자 할 때는 다음과 같은 방법을 이용할 수 있다.

`01` 상단 메뉴의 [프로젝트 ▼] → [선택된 프로젝트 (.aia)를 내 컴퓨터로 내보내기]를 클릭한다.

`02` 파일을 내보내기 위해 화면 하단에 다음과 같이 표시된다. 다운로드 정보와 다운로드된 경로를 확인하기 위해 오른쪽의 [전체 보기] 버튼을 누른다.

03 [전체 보기] 버튼을 누르면 다음과 같은 화면이 표시된다. 파일의 아래쪽에 폴더 열기를 누르면, 내보내기한 파일이 저장된 폴더가 열린다.

04 일반적으로 다운로드된 파일은 [컴퓨터:\C:\사용자:\다운로드]에 저장된다. 폴더를 열어보면 다음과 같이 파일이 저장되어 있는 것을 확인할 수 있다.

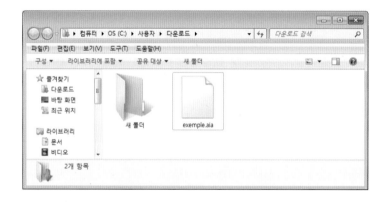

CHAPTER 2에서는 앱 인벤터의 디자이너 화면과 블록 화면을 통하여 프로젝트를 작성하고 작성된 프로젝트를 apk용 QR 코드로 앱을 만들어 스마트폰에 설치하는 과정에 대해 알아본다.

SECTION 1

프로젝트 만들기

학습목표

1. 새로운 프로젝트를 만들어보자.
2. 프로젝트에 기본적인 컴포넌트를 추가하여 앱을 실행해본다.

프로젝트 이름: basic

앱을 만들기 위해서는 우선 프로젝트를 작성해야 한다. 앱 작성을 위한 프로젝트 작성 과정에 대해 알아보도록 한다.

1. 완성 앱 미리 보기

앱을 실행하면 "앱 인벤터 연습해보기"라는 텍스트가 화면에 표시된다.

2. 디자인 설계

3. 컴포넌트 설계

- **레이블**: 텍스트를 표시하는 컴포넌트로 화면에 숫자, 문자, 특수 문자를 표시해 주거나 컴
  포넌트간의 간격을 조절하기 위해 사용된다.

팔레트	컴포넌트	이름 수정	속성
사용자 인터페이스	레이블	레이블1	텍스트: 앱 인벤터 연습해보기

01 앱 인벤터의 기본 언어 변경은 오른쪽 상단의 [English ▼] → [한국어]를 선택하여 한국어
로 설정한다.

02 앱 인벤터의 [앱 만들기] 기본 화면의 [새 프로젝트 시작하기] 버튼이나, 상단 첫 번째 메
뉴인 [프로젝트 ▼] → [새 프로젝트 시작하기]를 클릭하여 새 프로젝트를 시작한다.

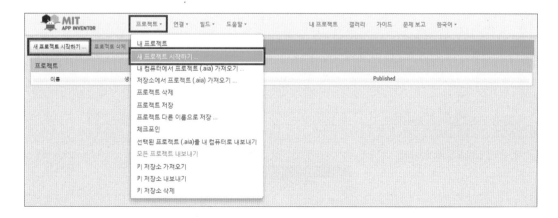

03 오른쪽과 같은 창이 나타나면 프로젝트 이름에 "basic"을 입력한다. 프로젝트 이름은 영어와 숫자로 입력이 가능하다.

※ 주의 : 프로젝트 이름은 반드시 첫 글자는 영문자로 시작되어야 하며, 한글을 사용하여 프로젝트 이름을 지정할 수 없다.

04 아래와 같이 앱 인벤터 화면이 실행되면 앱 만들기를 시작할 수 있다.

05 화면 가장 왼쪽에 팔레트 목록이 있다. 앱을 만들기 위해 필요한 컴포넌트들은 팔레트에서 선택하여 사용할 수 있다. [사용자 인터페이스]의 [레이블]을 클릭하여 뷰어로 끌어다 놓는다.

06 컴포넌트 목록에 [레이블1]이 추가된 것을 확인할 수 있다. 화면 가장 오른쪽에 위치한 속성에서 텍스트에 "앱 인벤터 연습해보기"를 입력한다.

4. 블록코딩

블록코딩에서는 디자인 설계에서 추가되었던 컴포넌트가 동작하도록 블록을 논리적으로 구성하여 설계하는 단계이다. 다음 아래의 블록코딩은 디자인 단계에서도 표현할 수 있는 간단한 예제이다. 블록코딩을 논리적으로 연결하는 방법은 다음 CHAPTER에서 다루도록 한다.

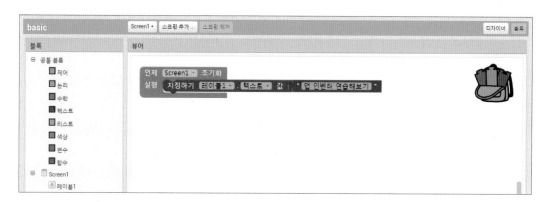

SECTION 2
스마트폰에 앱 설치하기

작성된 프로젝트를 앱으로 만들어 스마트폰에 설치해 보는 과정을 알아보도록 한다.

01 화면 상단의 [빌드 ▾] → [앱(.apk용 QR 코드 제공)]을 클릭한다.

02 QR 코드를 만들기 위한 로딩창이 표시된다. 로딩이 완료되면 SECTION 1의 basic 프로
   젝트 앱을 만들기 위한 QR 코드가 제공된다.

03 스마트폰에서 QR 코드 인식 애플리케이션을 이용하여 화면에 제공된 QR 코드를 찍는다.
   (QR 코드 인식 앱은 종류가 많으므로 어떤 것을 사용해도 상관없다.)

04 QR코드 인식으로 작성된 앱을 다운받아 스마트폰에 설치한다.

   ※ 스마트폰에 저장하고 설치할 때 반드시 [출처를 알 수 없는 앱 설치]를 허용됨으로 변경해야 앱 설치가 가능하다.

   ※ 스마트폰에 각종 필터가 실행중일 경우, 앱이 설치되지 않는다. 앱 설치시 반드시 필터를 해제한다.(블루라이트 등의 필터)

05 앱 인벤터는 내 프로젝트 오른쪽 [갤러리] 메뉴에서 다양한 앱 예제를 확인할 수 있다. 다양한 앱 예제 중 하나의 앱을 선택하여 자신의 스마트폰에 설치해 본다.

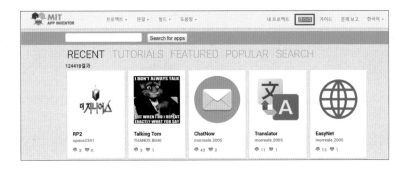

- 갤러리 예제에서 원하는 앱을 선택한 후 [앱 열기] 버튼을 클릭하여 내프로젝트로 가져온다. 갤러리에서 가져온 프로젝트를 QR 코드 인식 앱을 이용하여 내 스마트폰에 앱을 설치한다.

App Inventer

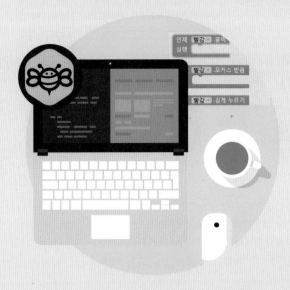

CHAPTER 3 화면 바꾸기

새 프로젝트에 컴포넌트를 추가하여 속성을 변경해 보고, 추가된 컴포넌트에 블록코딩하여 이벤트를 설정해 보자.

이번 CHAPTER에서는 화면의 색을 변경하거나 다시 되돌리는 작업을 위한 앱을 만들어보고, 연습 문제를 통해 복습해 본다.

배경색 변경하기 프로젝트

학습목표

1. 프로젝트에 버튼 컴포넌트를 추가하여 사용할 수 있다.
2. 컴포넌트의 속성 값을 설정할 수 있다.

프로젝트 이름: Bg_color

이번 SECTION에서는 가장 쉽게 사용할 수 있는 '버튼' 컴포넌트를 활용하여 버튼을 눌렀을 때 스크린의 배경색이 바뀌는 앱을 만들어본다.

1. 프로젝트 이해하기

프로젝트 개요	1. 색상 별 버튼 만들기 2. Screen 배경색 변경 3. 색상별 버튼에 따라 배경색이 바뀌는 코딩하기
사용하는 프로그래밍 요소	1. 클릭: 앱에서 버튼을 누름 2. 지정하기: Screen 색상 지정

2. 완성 앱 미리 보기

기본 화면은 배경색 없이 버튼 세 개가 표시된다. 각 색깔의 버튼을 눌렀을 때 버튼에 쓰여있는 색과 같이 배경색이 변경된다.

3. 디자인 설계

4. 컴포넌트 설계

배경색 변경하기 앱을 만들 때 필요한 컴포넌트에 대해 알아보고, 디자인을 설계해보자.

- **수평배치**: 뷰어에 포함한 컴포넌트들을 수평으로 배치하기 위해 사용한다.
- **버튼**: 버튼을 누르면 연결된 동작을 수행하는 컴포넌트이다. 원하는 모양, 표시하고자 하는 텍스트를 직접 입력하여 변경할 수 있다.

컴포넌트	이름 수정	속성
수평배치	**수평배치1**	배경색: 없음
레이블	빈칸	너비: 10 pixels, 텍스트: (공백)
버튼	**빨강**	**모양: 둥근 모서리, 텍스트: 빨강**
레이블	빈칸1	너비: 10 pixels, 텍스트: (공백)
버튼	**노랑**	**모양: 둥근 모서리, 텍스트: 노랑**
레이블	빈칸2	너비: 10 pixels, 텍스트: (공백)
버튼	**파랑**	**모양: 둥근 모서리, 텍스트: 파랑**

☐1 앱 인벤터는 기본 언어가 영어이므로 먼저 오른쪽 상단의 [English ▼] → [한국어]를 클릭
하여 한국어로 설정한다.

☐2 앱 인벤터의 [앱 만들기] 기본 화면의 [새 프로젝트 시작하기] 버튼이나, 상단 첫 번째 메
뉴인 [프로젝트 ▼] → [새 프로젝트 시작하기]를 클릭하여 새 프로젝트를 시작한다.

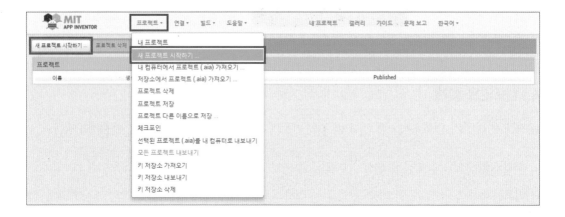

☐3 아래와 같은 창이 나타나면 프로젝트 이름에 "Bg_color"를 입력한다. 프로젝트 이름은
영문자, 숫자, _를 혼용하여 만들 수 있으나 프로젝트 이름의 첫 글자는 반드시 영문자로
시작해야 한다.

04 아래와 같이 앱 인벤터 화면이 실행되면 앱 만들기를 시작할 수 있다.

05 화면 가장 왼쪽에 있는 팔레트의 [레이아웃] → [수평배치]를 뷰어로 끌어다 놓는다.

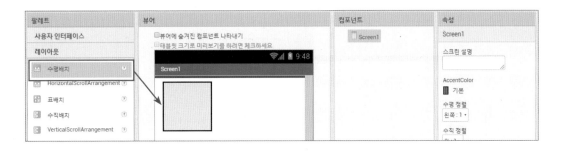

06 컴포넌트에서 [수평배치1]이 선택된 상태로 오른쪽 속성에서 배경색을 [없음]으로 지정한다.

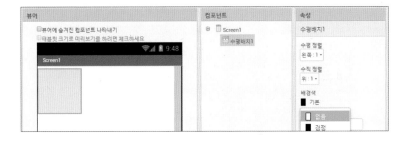

07 팔레트의 [사용자 인터페이스] → [레이블]을 미리 [수평배치1] 안에 끌어다 놓는다.

08 컴포넌트에 추가된 [레이블1]을 선택한 후 아래 [이름 바꾸기] 버튼을 누른다. 새 이름에 "빈칸"을 입력하고, [확인] 버튼을 누른다.

09 컴포넌트에서 [빈칸]을 선택한 후 오른쪽 속성에서 너비를 "10" pixels로 입력하고, [확인] 버튼을 누른다. 너비 속성 밑에 있는 텍스트 속성의 기본 값인 '레이블1 텍스트'를 모두 지우고 아무것도 입력하지 않는다.

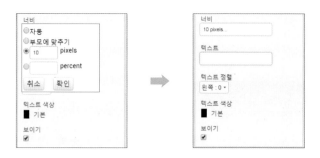

10 팔레트의 [사용자 인터페이스] → [버튼]을 먼저 추가한 레이블 [빈칸] 오른쪽에 끌어다 놓는다. 컴포넌트에 추가된 [버튼1]을 선택한 후 아래 [이름 바꾸기] 버튼을 눌러 새 이름에 "빨강"을 입력하고, [확인] 버튼을 누른다.

11 컴포넌트에서 [빨강] 버튼을 선택한 후 오른쪽 속성에서 모양을 [둥근 모서리]로 선택하고, 텍스트에 "빨강"을 입력한다.

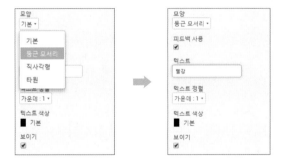

12 07 ~ 11 과정을 순서대로 반복하여 [빈칸1], [노랑] 버튼, [빈칸2], [파랑] 버튼을 추가한다. 컴포넌트 이름은 중복하여 쓸 수 없기 때문에 빈 칸에는 숫자를 넣어 이름을 변경한다.

13 디자이너 화면에서 앱에 필요한 컴포넌트를 모두 추가했다. 다음 블록 화면으로 넘어가 각 컴포넌트에 대한 동작을 설정하도록 한다.

5. 전체 블록코딩 소스

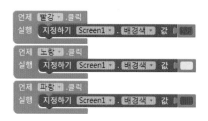

6. 블록코딩 소스 풀이

01 블록 화면으로 넘어가기 위해 화면의 오른쪽 상단에 위치한 [블록] 버튼을 눌러 화면을 전환한다.

02 블록 목록에서 [빨강]을 클릭하여 뷰어에 블록이 표시되면 [언제 빨강 ▼ .클릭] 블록을 선택하여 뷰어 화면에 놓는다.

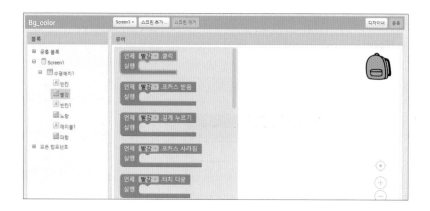

03 블록 목록에서 [Screen1]을 클릭하고, [지정하기 Screen1 ▾.배경색 ▾ 값] 블록을 선택하여 앞서 추가한 블록에 끼워 넣는다.

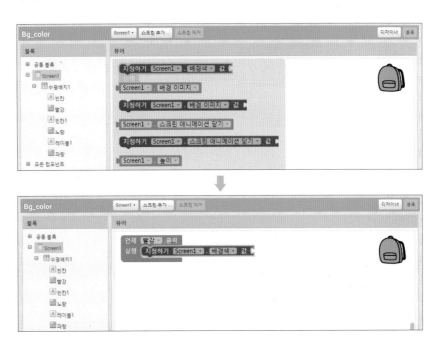

04 블록 목록의 [공통 블록] → [색상]을 클릭하고, 뷰어에 색상 블록이 표시되면 빨간색을 선택하여 [지정하기 Screen1 ▾.배경색 ▾ 값] 블록의 오른쪽에 끼워 넣는다.

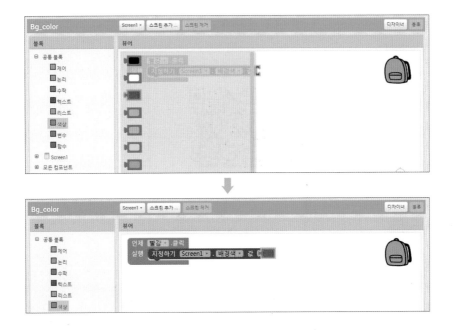

05 블록 목록에서 [노랑]과 [파랑]을 클릭하여 각각의 컴포넌트에 02~04 과정과 같이 블록코딩을 설정한다.

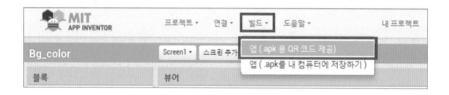

7. 스마트폰 앱 설치

만든 앱의 실행을 확인하기 위해 직접 스마트폰에 설치하여 테스트해보도록 한다.

01 앱 인벤터 화면의 상단 메뉴 중 [빌드▼] → [앱(.apk 용 QR 코드 제공)]을 클릭한다.

02 화면에 QR 코드가 나타나면, 스마트폰의 QR 코드 인식 애플리케이션을 이용하여 해당 코드를 찍는다. (QR 코드 인식 앱은 종류가 많으므로 어떤 것을 사용해도 상관없다.)

03 QR코드 인식으로 작성된 앱을 다운받아 스마트폰에 설치한다.

화면 전환하기 프로젝트

학습목표

1. 버튼을 사용하여 화면이 전환되는 앱을 만들어보자.
2. 앱을 실행하여 버튼을 누르면 화면을 전환하고 다시 전환을 취소할 수 있다.

프로젝트 이름: change

SECTION 1 배경색 바꾸기 프로젝트에서 버튼을 눌렀을 때 스크린의 색이 변경되는 앱을 만들었다. 이번 프로젝트는 단순히 동일 스크린의 배경색만 변경되는 것이 아닌, 스크린이 전환되면서 스크린이 변경되는 앱을 만들어 보도록 한다.

1. 프로젝트 이해하기

프로젝트 개요	1. 화면 전환 및 취소 버튼 만들기 2. Screen 추가 3. 버튼을 누르면 버튼 텍스트가 변경되고 Screen 전환 4. 버튼을 누르면 화면이 전환되도록 코딩하기
사용하는 프로그래밍 요소	1. 클릭: 앱에서 버튼을 누름 2. 다른 스크린 열기: Screen 전환

2. 완성 앱 미리 보기

버튼만 있는 앱에서 버튼을 누르면 화면이 전환되는 앱을 만들어보자.

3. 디자인 설계

4. 컴포넌트 설계

change 앱을 만들기 위해 필요한 컴포넌트와 속성은 다음 표를 참고한다.

컴포넌트	이름 수정	속성
	Screen1	**수평 정렬: 중앙, 수직 정렬: 가운데, 배경색: 청록색**
버튼	버튼1	글꼴 크기: 25, 높이: 15 percent, 너비: 40 percent, 텍스트: 화면 전환

컴포넌트	이름 수정	속성
	Screen2	**수평 정렬: 중앙, 수직 정렬: 가운데, 배경색: 주황**
버튼	버튼1	글꼴 크기: 25, 높이: 15 percent, 너비: 50 percent, 텍스트: 화면전환 취소

01 [Screen1]의 오른쪽 속성에서 수평 정렬에 [중앙], 수직 정렬에 [가운데], 배경색을 [청록색]으로 변경한다.

02 디자이너 화면이 표시되면, 가장 먼저 팔레트의 [사용자 인터페이스] → [버튼]을 클릭하여 뷰어에 끌어다 놓는다.

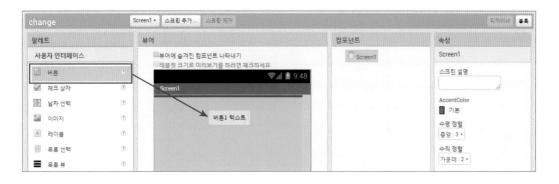

03 컴포넌트에 추가된 [버튼1]을 선택한 후 오른쪽 속성에서 글꼴 크기에 "25", 높이 "15" percent, 너비 "40" percent를 입력한다. 그리고 텍스트에 "화면 전환"을 입력한다.

04 스크린을 추가하기 위해 화면 위쪽에 [스크린 추가] 버튼을 누른다.

05 [새 스크린] 대화상자에서 스크린 이름에 "Screen2"가 입력되어있기 때문에 바로 [확인] 버튼을 누른다.

06 [Screen2]의 오른쪽 속성에서 수평 정렬에 [중앙], 수직 정렬에 [가운데], 배경색을 [주황] 으로 변경한다.

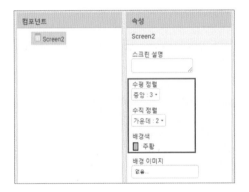

07 디자이너 화면이 표시되면, 가장 먼저 팔레트의 [사용자 인터페이스] → [버튼]을 뷰어에 놓는다.

08 컴포넌트에 추가된 [버튼1]을 선택한 후 오른쪽 속성에서 글꼴 크기에 "25"를 입력하고, 높이를 "15" percent, 너비를 "50" percent로 변경한다. 그리고 텍스트에 "화면전환 취소"를 입력한다.

09 디자이너 화면에서 앱에 필요한 컴포넌트를 모두 추가한 다음 이벤트 설정을 위한 블록 화면으로 전환하여 컴포넌트의 동작을 설정한다.

5. 전체 블록코딩 소스

① [Screen1]　　　　　　　② [Screen2]

6. 블록코딩 소스 풀이

01 블록 화면으로 넘어가기 위해 사이트의 오른쪽 상단에 위치한 [블록] 버튼을 눌러 화면을 전환한다.

02 블록 목록의 [버튼1]을 클릭하고, 뷰어에 블록이 표시되면 [언제 버튼1 ▾.클릭] 블록을 선택하여 뷰어에 끌어다 놓는다.

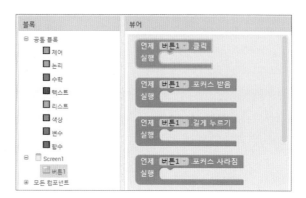

03 블록 목록의 [공통 블록] → [제어]에 있는 [다른 스크린 열기 스크린 이름] 블록을 [언제 버튼1 ▾.클릭] 블록에 끼워 넣는다.

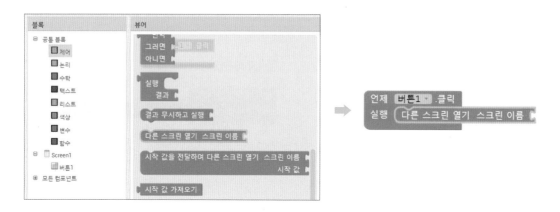

04 [공통 블록] → [텍스트]에 있는 ["☐"] 빈 칸 블록을 선택하여 앞서 추가한 블록에 끼워 넣는다. 빈 칸에는 "Screen2"를 입력한다. 그리고 [Screen2]로 블록 창을 변경한다.

05 **02** ~ **04** 과정을 반복 수행한다. [공통 블록] → [텍스트]의 [" ☐ "] 빈 칸 블록에는 "Screen1"을 입력한다.

7. 스마트폰 앱 설치

작성된 프로젝트를 앱으로 만들어 직접 스마트폰에 설치하여 테스트해보도록 한다.

01 앱 인벤터 화면의 상단 메뉴 중 [빌드▼] → [앱(.apk 용 QR 코드 제공)]을 클릭한다.

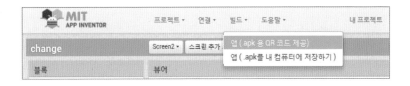

02 화면에 QR 코드가 나타나면, 스마트폰의 QR 코드 인식 애플리케이션을 이용하여 해당 코드를 찍는다. (QR 코드 인식 앱은 종류가 많으므로 어떤 것을 사용해도 상관없다.)

03 QR코드 인식으로 작성된 앱을 다운받아 스마트폰에 설치한다.

 SECTION 3

연습 문제

1. 배경색 변경 앱 만들기를 복습해보자. 주황, 연두, 분홍, 하양, 파랑 버튼을 만들어 봅시다.

- 프로젝트명: color
- 컴포넌트 설계

컴포넌트	이름 수정	속성
수평배치	수평배치1	배경색: 없음
레이블	빈칸	너비: 자동, 텍스트: (공백)
	빈칸1	
	빈칸2	
	빈칸3	
	빈칸4	
버튼	주황	모양: 타원
	연두	
	분홍	
	하양	
	파랑	

- 완성화면: 분홍 예시

2. **버튼 색에 따라 앱의 화면색이 바뀌는 앱을 완성화면을 참고하여 만들어 봅시다.**

- 프로젝트명: color2
- 컴포넌트 설계

컴포넌트	이름 수정	속성
수평배치	수평배치1	수평 정렬: 중앙, 수직 정렬: 가운데, 배경색: 없음
버튼	파랑	배경색: (각 색상별 변경), 텍스트: (공백)
	초록	
	노랑	
	주황	
레이블	레이블1	너비: 2pixels, 텍스트: (공백)
	레이블2	
	레이블3	

- 완성화면

3. 수평배치와 반대로 수직배치를 이용하여 버튼을 배치하고, 버튼 모양을 바꿔 새로운 색상을 추가하
   도록 설정해 봅시다.

- 프로젝트명: vertical
- 디자인 설계

컴포넌트	이름 수정	속성
수직배치	수직배치1	배경색: 없음
버튼	노랑	모양: 둥근 모서리, 텍스트: (각 색상별 변경)
	빨강	
	청록	
레이블	레이블1	높이: 2 pixels, 텍스트: (공백)
	레이블2	
	레이블3	

- 완성화면: 청록 예시

CHAPTER **4 사진 표시&웹 사이트 이동하기**

앞 CHAPTER에서는 버튼을 눌렀을 때 전체 화면의 색이 변경되는 앱을 만들어보았다. 이번 CHAPTER에는 버튼을 누르면 원하는 사진이 표시되는 앱을 만들어 보자.

자주 이용하는 웹 사이트들이 있다. 그런 자주 이용하는 웹사이트를 매번 주소를 입력하거나, 검색하기 불편했다면, 웹 사이트 이동하기 앱을 통해 쉽게 이동할 수 있다. 자주 이용하는 웹 사이트 주소를 버튼에 연결하여 버튼을 클릭하면 해당 웹 사이트 주소가 현재 화면에 표시되도록 만들어 본다.

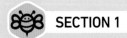

사진 불러오기 프로젝트

학습목표

1. 버튼 컴포넌트를 활용하여 화면에 사진을 불러오는 앱을 만들수 있다.
2. 수평배치 컴포넌트의 여러 가지 속성을 변경하여 사용할 수 있다.
3. 앱에 원하는 사진파일을 업로드 할 수 있다.

프로젝트 이름: season

이번 SECTION에서는 버튼을 눌렀을 때 앱의 화면에 지정된 사진이 표시되도록 하는 앱을 만들어 본다. 네 개의 버튼을 만들어 각 버튼에 spring, summer, autumn, winter 파일을 지정하여 버튼을 눌렀을 때 해당 계절의 사진이 앱 화면에 나타나도록 한다. 이 SECTION의 기능과 CHAPTER 9의 List 기능을 활용한다면, 더 편리하고 유용한 사진첩을 만들수 있다.

1. 프로젝트 이해하기

프로젝트 개요	1. 계절별 버튼 만들기 2. 이미지 컴포넌트를 통한 사진 불러오기 3. 버튼에 따라 사진이 다르게 표시되는 코딩하기
사용하는 프로그래밍 요소	1. 클릭: 앱에서 버튼을 누름 2. 지정하기: 이미지 값 지정 3. 텍스트: 이미지 파일 이름 입력

2. 완성 앱 미리 보기

계절에 맞게 버튼 네 개를 만들어 화면 상단에 위치하도록 한다. 각 버튼을 눌렀을 때 해당 계절을 나타내는 사진을 불러온다.

3. 디자인 설계

4. 컴포넌트 설계

season 앱을 만들기 위해 필요한 컴포넌트와 속성은 다음 표를 참고한다.

컴포넌트	이름 수정	속성
레이블	빈칸	높이: 20 pixels, 텍스트: (공백)
수평배치	수평배치1	수평 정렬: 중앙, 수직 정렬: 가운데, 배경색: 없음, 너비: 부모에 맞추기
레이블	빈칸1	텍스트: (공백)
버튼	봄	텍스트: 봄
레이블	빈칸2	텍스트: (공백)
버튼	여름	텍스트: 여름
레이블	빈칸3	텍스트: (공백)
버튼	가을	텍스트: 가을
레이블	빈칸4	텍스트: (공백)
버튼	겨울	텍스트: 겨울
레이블	빈칸5	높이: 10 percent
이미지	이미지1	–

01 상단 메뉴의 [프로젝트 ▼] → [새 프로젝트 시작하기]를 클릭하여 프로젝트 이름에 "season"을 입력한 후 [확인] 버튼을 누른다.

※ 프로젝트 이름은 반드시 첫 글자는 영문자로 시작되어야 하며, 한글을 사용하여 프로젝트 이름을 지정할 수 없다.

02 디자이너 화면이 표시되면, 가장 먼저 팔레트의 [사용자 인터페이스] → [레이블]을 뷰어
로 끌어다 놓는다.

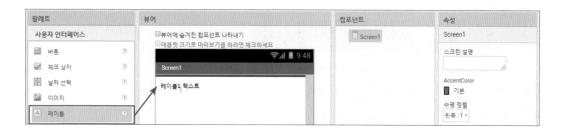

03 컴포넌트에 추가된 [레이블1]을 선택한 후 아래 [이름 바꾸기] 버튼을 누른다. 다음 새 이
름에 "빈칸"을 입력하고, [확인] 버튼을 누른다.

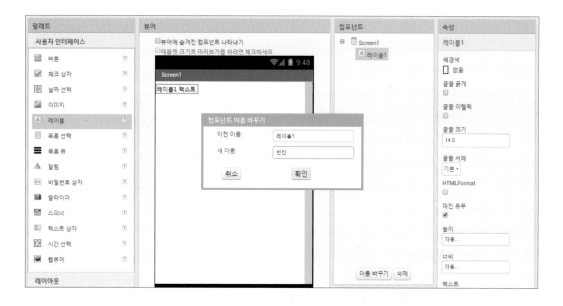

04 오른쪽 속성 중 높이를 "20" pixels로 입력하고, 텍스트를 모두 지운다.

05 팔레트의 [레이아웃] → [수평배치]를 먼저 추가한 레이블 [빈칸] 아래로 끌어다 놓는다.

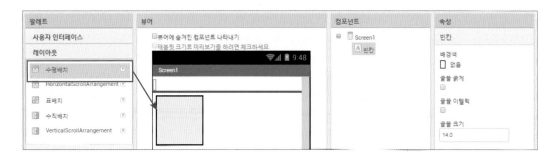

06 오른쪽 속성에서 수평 정렬을 [중앙]으로, 수직 정렬을 [가운데]
로 변경한다. 다음, 배경색을 [없음]으로, 너비를 [부모에 맞추기]
로 변경한다.

07 팔레트의 [사용자 인터페이스] → [버튼]을 선택하여 뷰어에 있는 [수평배치1] 안으로 끌
어다 놓는다. 컴포넌트에서 [이름 바꾸기] 버튼을 눌러 "봄"을 입력하고, [확인] 버튼을
누른다.

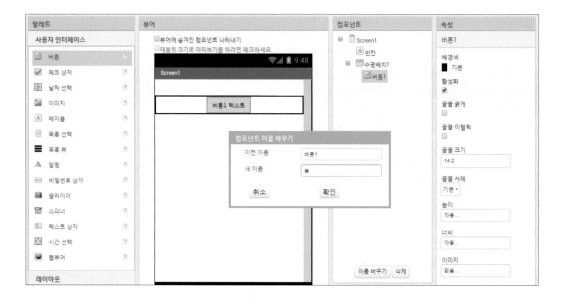

08 컴포넌트에서 [봄]이 선택된 상태로 오른쪽 속성에서 텍스트 역시 "봄"으로 입력한다.

09 다음, 팔레트의 [사용자 인터페이스] → [레이블]을 선택하여 [봄] 버튼의 오른쪽으로 끌어다 놓은 후 [이름 바꾸기] 버튼을 눌러 "빈칸1"을 입력한다. 오른쪽 속성에서 텍스트를 모두 지운다.

10 07 ~ 09 과정을 순서대로 반복하여 [여름] 버튼, [빈칸2], [가을] 버튼, [빈칸3], [겨울] 버튼을 추가한다. 컴포넌트 이름은 중복하여 쓸 수 없기 때문에 빈칸에는 숫자를 넣어 이름을 변경한다.

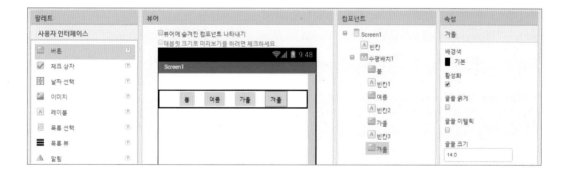

11 팔레트의 [사용자 인터페이스] → [레이블]을 선택하여 [수평배치1] 아래로 끌어다 놓는다. 컴포넌트에서 이름을 "빈칸5"로 변경하고, 속성에서 높이를 "10" percent로 지정한다. 마지막으로 텍스트를 모두 지운다.

12 팔레트의 [사용자 인터페이스] → [이미지]를 선택하여 레이블 [빈칸5] 아래로 끌어다 놓는다.

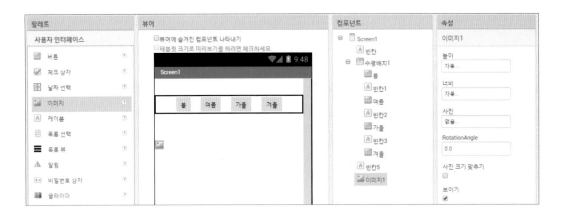

13 미디어 영역에 [파일 올리기] → [파일 선택] 버튼을 눌러 사진 파일을 불러온다.
(파일 위치: 앱 인벤터\미디어)

14 디자이너 화면에서 앱에 필요한 컴포넌트를 모두 추가했다. 다음 블록 화면으로 넘어가 각 컴포넌트에 대한 동작을 설정하도록 한다.

5. 전체 블록코딩 소스

6. 블록코딩 소스 풀이

01 블록 목록에서 [봄]을 클릭하여 뷰어에 블록이 표시되면 [언제 봄▼.클릭] 블록을 선택하여 뷰어 화면에 놓는다.

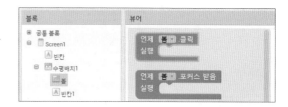

02 블록 목록에서 [이미지1]을 클릭하고, [지정하기 이미지1▼.사진▼값] 블록을 선택하여 앞서 추가한 블록에 끼워 넣는다.

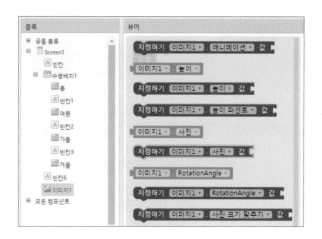

03 블록 목록의 [공통 블록] → [텍스트]를 클릭하고, ["□"] 빈 칸 블록을 선택하여 앞서 추가한 블록에 끼워 넣는다. 빈 칸에는 "spring.bmp"를 입력한다.

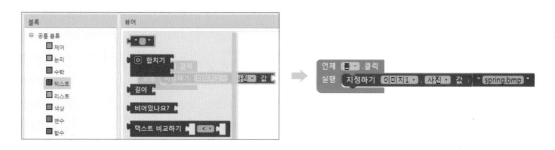

04 **01** ~ **03** 과정을 반복하여 [여름], [가을], [겨울]에도 블록코딩을 설정한다.

7. 스마트 앱 설치

01 앱 인벤터 화면의 상단 메뉴 중 [빌드▼] → [앱(.apk 용 QR 코드 제공)]을 클릭한다.

02 화면에 QR 코드가 나타나면, 스마트폰의 QR 코드 인식 애플리케이션을 이용하여 해당 코드를 찍는다. (QR 코드 인식 앱은 종류가 많으므로 어떤 것을 사용해도 상관없다.)

03 QR코드 인식으로 작성된 앱을 다운받아 스마트폰에 설치한다.

SECTION 2

웹 브라우저 프로젝트

학습목표

1. 버튼 컴포넌트를 사용하여 웹 사이트로 이동할 수 있다.
2. 버튼을 원하는 이미지로 꾸밀 수 있다.
3. 레이블과 수평배치 컴포넌트를 활용하여 버튼을 적절한 위치에 배치한다.

프로젝트 이름: web

이번 SECTION에서는 버튼을 누르면 원하는 웹 사이트로 이동하는 앱을 만들어보도록 한다. 자주 이용하는 웹 사이트들을 여러 버튼에 각각 지정해두면 해당 웹 사이트로 쉽게 이동할 수 있다.

1. 프로젝트 이해하기

프로젝트 개요	1. 웹 사이트 별 버튼 만들기 2. 웹 사이트 이동 3. 버튼에 따라 손쉽게 웹 사이트 이동이 가능한 코딩하기
사용하는 프로그래밍 요소	1. 클릭: 앱에서 버튼을 누름 2. URL 이동: 웹 사이트 이동 3. 텍스트: 웹 사이트 주소 입력

2. 완성 앱 미리 보기

자주 쓰는 앱을 불러오기 위해 버튼 세 개를 만들어 화면 상단에 위치하도록 한다. 각각의 버튼을 눌렀을 때 해당 웹 페이지로 이동하도록 웹 페이지를 불러온다.

3. 디자인 설계

4. 컴포넌트 설계

web 앱을 만들기 위해 필요한 컴포넌트와 속성은 다음 표를 참고한다.

컴포넌트	이름 수정	속성
레이블	빈칸	높이: 10 pixels, 텍스트: (공백)
수평배치1	수평배치1	수평 정렬: 중앙, 수직 정렬: 가운데, 배경색: 없음, 높이: 3 percent, 너비: 부모에 맞추기
버튼	구글	이미지: google.bmp, 높이: 5 percent, 너비: 15 percent, 텍스트: (공백)
레이블	빈칸1	텍스트: (공백)
버튼	네이버	이미지: naver.bmp, 높이: 5 percent, 너비: 20 percent, 텍스트: (공백)
레이블	빈칸2	텍스트: (공백)
버튼	네이트	이미지: nate.bmp, 높이: 5 percent, 너비: 15 percent, 텍스트: (공백)
레이블	빈칸3	높이: 5 pixels
웹뷰어	**웹뷰어1**	너비: 100 percent

01 상단 메뉴의 [프로젝트 ▼] → [새 프로젝트 시작하기]를 클릭하여 프로젝트 이름에 "web"
을 입력한 후 [확인] 버튼을 누른다.

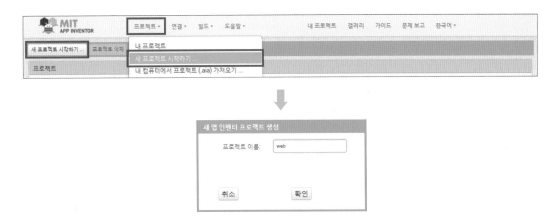

02 디자이너 화면이 표시되면 가장 먼저 팔레트의 [사용자 인터페이스] → [레이블]을 뷰어
로 끌어다 놓는다.

03 컴포넌트에 추가된 [레이블1]을 선택한 후 아래 [이름 바꾸기] 버튼을 누른다. 다음 새 이
름에 "빈칸"을 입력하고, [확인] 버튼을 누른다.

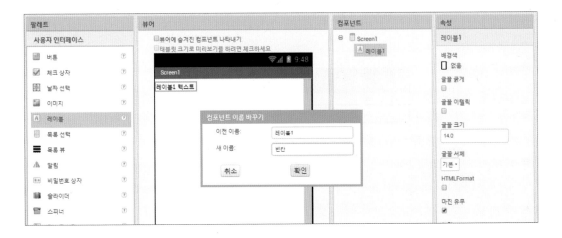

04 오른쪽 속성 중 높이를 "10" pixels로 입력하고, 텍스트를 모두 지운다.

05 팔레트의 [레이아웃] → [수평배치]를 먼저 추가한 레이블 [빈칸] 아래로 끌어다 놓는다.

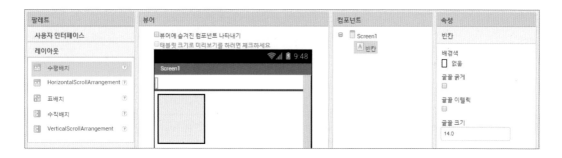

06 오른쪽 속성에서 수평 정렬을 [중앙], 수직 정렬을 [가운데], 배경색을 [없음]으로 변경한다. 다음, 높이에 "5" percent를 입력한 후 너비를 [부모에 맞추기]로 변경한다.

07 팔레트의 [사용자 인터페이스] → [버튼]을 선택하여 뷰어에 있는 [수평배치1] 안으로 끌어다 놓는다. 컴포넌트에서 [이름 바꾸기] 버튼을 눌러 "구글"을 입력하고, [확인] 버튼을 누른다.

08 컴포넌트에서 [구글] 버튼이 선택된 상태로 오른쪽 속성에서 'google.bmp' 파일을 불러온다. (이미지 파일명이 한글인 경우 파일 올리기가 안된다.)

- 속성의 이미지 '없음'을 클릭하여 오른쪽과 같이 목록이 열리면, 하단에 위치한 [파일 올리기] 버튼을 누른다.
- [파일 올리기] 대화상자가 표시되면, [파일 선택] 버튼을 눌러 'google.bmp' 파일을 선택한 후 [확인] 버튼을 누른다. (파일 위치: 앱 인벤터\미디어파일)

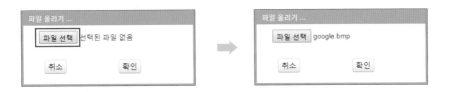

09 그대로 속성에서 높이 "5" percent, 너비 "15" percent를 입력한 후 텍스트를 모두 지운다. 구글 버튼의 속성을 모두 변경하고 나면 오른쪽 그림과 같이 표시된다.

10 팔레트의 [사용자 인터페이스] → [레이블]을 선택하여 [구글] 버튼의 오른쪽에 끌어다 놓는다. 하단의 [이름 바꾸기] 버튼을 눌러 "빈칸1"로 입력한 후 [확인] 버튼을 누른다. 오른쪽 속성에서 텍스트를 모두 지운다.

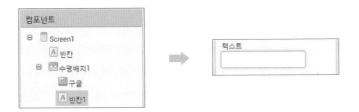

11 **07**~**10** 과정을 반복하여 [네이버] 버튼, [빈칸2], [네이트] 버튼을 추가한다.

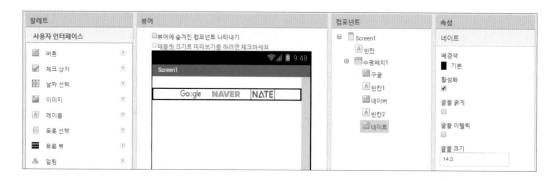

12 팔레트의 [사용자 인터페이스] → [레이블]을 선택하여 뷰어의 [수평배치1] 아래에 끌어다
놓은 후 컴포넌트에서 [이름 바꾸기] 버튼을 누른다. 이름을 "빈칸3"으로 입력하고 [확인]
버튼을 누른다.

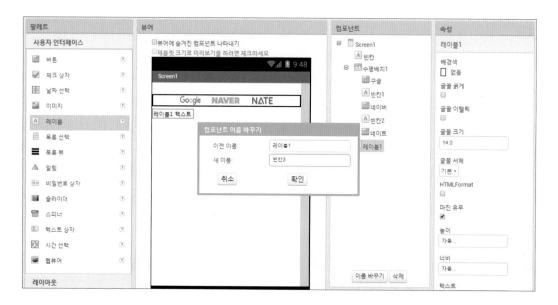

13 컴포넌트에서 [빈칸3]의 속성을 변경한다. 높이에 "5" pixels를 입력하고, 텍스트를 모두
지운다.

14 팔레트의 [사용자 인터페이스] → [웹뷰어]를 선택하여 뷰어의 [빈칸3] 레이블 아래에 끌
어다 놓는다.

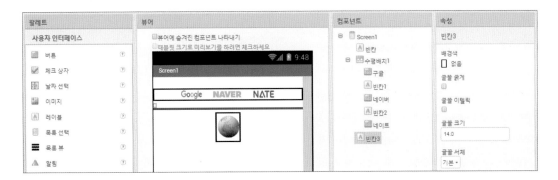

15 컴포넌트의 [웹뷰어1]이 선택된 상태로 오른쪽 속성에서 너비에
"100" percent를 입력한다.

16 디자이너 화면에서 앱에 필요한 컴포넌트를 모두 추가했다. 다
음 블록 화면으로 넘어가 각 컴포넌트에 대한 동작을 설정하도
록 한다.

5. 전체 블록코딩 소스

6. 블록코딩 소스 풀이

01 블록 목록의 [구글]을 클릭하고, 뷰어에 블록이 표시되면 [언제 구글 ▼.클릭] 블록을 선택
하여 뷰어 화면에 놓는다.

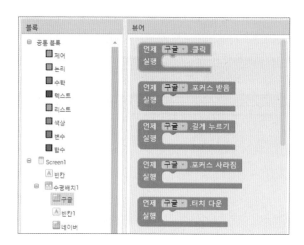

02 블록 목록의 [웹뷰어1]을 클릭하고, [호출 웹뷰어1 ▼.URL로 이동] 블록을 선택하여 앞서
추가한 블록에 끼워 넣는다.

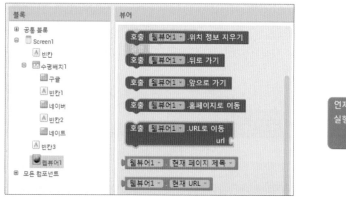

03 블록 목록의 [공통 블록] → [텍스트]를 클릭하고, ["□"] 빈 칸 블록을 선택하여 앞서 추가
한 블록에 끼워 넣는다. 빈 칸에는 "http://www.google.com"을 입력한다.

04 **01** ～ **03** 과정을 반복하여 [네이버]와 [네이트]에도 블록코딩을 설정한다.

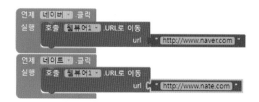

7. 스마트폰 앱 설치

01 앱 인벤터 화면의 상단 메뉴 중 [빌드▼] → [앱(.apk 용 QR 코드 제공)]을 클릭한다.

02 화면에 QR 코드가 나타나면, 스마트폰의 QR 코드 인식 애플리케이션을 이용하여 해당 코드를 찍는다. (QR 코드 인식 앱은 종류가 많으므로 어떤 것을 사용해도 상관없다.)

03 QR코드 인식으로 작성된 앱을 다운받아 스마트폰에 설치한다.

SECTION 3

연습 문제

1. 원하는 사진을 이용하여 사진 불러오기 앱을 만들어 봅시다.

- 프로젝트명: user_pic
- 컴포넌트 설계

컴포넌트	이름 수정	속성
수평배치	수평배치1	너비: 부모에 맞추기
레이블	레이블1	너비: 2 pixels, 텍스트: (공백)
	레이블2	
	레이블3	
버튼	버튼1	–
	버튼2	
	버튼3	

2. CHAPTER 3의 배경색 변경하기를 응용하여 버튼을 눌렀을 때 배경 사진을 바꾸는 앱을 만들어 봅시다.

- 프로젝트명: Bg_pictures
- 컴포넌트 설계

컴포넌트	이름 수정	속성
레이블	레이블1	높이: 20 pixels, 텍스트: (공백)
수평배치	수평배치1	너비: 부모에 맞추기
레이블	레이블2	너비: 2 pixels, 텍스트: (공백)
	레이블3	
	레이블4	
	레이블5	
버튼	배경1	텍스트: (각 버튼별 변경)
	배경2	
	배경3	
	배경4	
	배경5	

- 사진파일: bg1, bg2, bg3, bg4, bg5 (파일위치: 앱 인벤터\미디어)
- 완성화면: 배경1 예시

3. **버튼 컴포넌트를 이용하여 웹 사이트 이동앱을 만들어 봅시다.**

- 프로젝트명: web2
- 컴포넌트 설계

컴포넌트	이름 수정	속성
레이블	레이블1	높이: 5 pixels, 텍스트: (공백)
수평배치	수평배치1	수평 정렬: 중앙, 수직 정렬: 가운데, 배경색: 없음, 너비: 부모에 맞추기
레이블	레이블2	너비: 2 pixels, 텍스트: (공백)
	레이블3	
	레이블4	
버튼	구글	텍스트: (각 버튼별 변경)
	다음	
	네이버	
	유튜브	
레이블	레이블5	높이: 5 pixels, 텍스트: (공백)
웹뷰어	웹뷰어1	너비: 100 percent

- 완성화면

CHAPTER 5 미디어 컴포넌트 활용하기

앱에서 버튼을 누르거나 흔들었을 때 소리가 날 수 있다. 또한 사용자가 말하는 단어를 앱에서 인지하여 화면에 글자 그대로 텍스트로 표시되거나 해당 단어를 다른 언어를 통해 화면에 표시되게 할 수 있다. 이 모든 것들은 미디어 컴포넌트를 활용하여 가능하다.

이번 CHAPTER에서는 미디어 컴포넌트 중에서도 소리, 음성인식, Yandex 번역 컴포넌트를 활용하여 앱을 만들어보도록 한다. 센서 컴포넌트인 가속도 센서도 활용되지만, CHAPTER 11 Sensors I에서 상세히 배우도록 한다.

 **SECTION 1**

흔들어서 소리내기 프로젝트

학습목표

1. 새로운 컴포넌트인 소리와 가속도 센서를 사용하여 앱을 만들어보자.
2. 미디어 파일에 사진 파일을 추가하는 방법을 복습한다.

프로젝트 이름: dog

이번 SECTION에서는 소리와 가속도 센서라는 새로운 컴포넌트를 활용하여 앱을 만든다. 앱을 실행하여 스마트폰을 흔들었을 때 강아지 짖는 소리가 흘러나온다. 미디어 파일에 mp3 파일과 이미지를 추가하여 앱을 완성한다.

1. 프로젝트 이해하기

프로젝트 개요	1. 이미지 추가하기 2. 가속도 센서 활용하기 3. 스마트폰을 흔들면 특정 소리가 나는 코딩하기
사용하는 프로그래밍 요소	1. 이미지: 원하는 이미지(사진) 추가 2. 가속도 센서: 흔들림 정도에 따라 원하는 동작 설정

2. 완성 앱 미리 보기

화면에 미리 강아지 사진을 배치시킨 후 스마트 폰을 흔들었을 때 마치 사진 속 강아지가 짖는 것과 같은 효과를 갖는다.

3. 디자인 설계

4. 컴포넌트 설계

dog 앱을 만들기 위해 필요한 컴포넌트와 속성은 다음 표를 참고한다.

- **소리**: 소리 파일을 재생하는 멀티미디어 컴포넌트이다. 재생할 소리 파일은 다자이너 화면 이나 블록 화면에서 지정할 수 있다. 소리 컴포넌트는 효과음과 같은 짧은 소리 파일을 재 생하는데 최적화되어 있다.

- **가속도 센서**: 흔들림을 감지하여 3차원 공간의 가속도 근사값을 측정하고 화면 상에는 보 이지 않는 컴포넌트이다. 흔들림의 강도를 약함, 보통, 강함 중 선택할 수 있으며, 스마트폰 을 흔들었을 때의 동작을 감지한다.

컴포넌트	이름 수정	속성
레이블	레이블1	높이: 15 percet, 텍스트: (공백)
이미지	이미지1	소스: dog.bmp
소리	**소리1**	**소스: bowwow.mp3**
가속도 센서	가속도_센서1	–

👑 **참고**

소리 컴포넌트에 사용되는 소리 파일은 용량이 작은 것을 사용하며, 조금 더 큰 용량의 소리 파일은 플레이어 컴포넌트를 사용하면 효율적이다.

01 상단 메뉴의 [프로젝트▼] → [새 프로젝트 시작하기]를 클릭하여 프로젝트 이름에 "dog"를 입력한 후 [확인] 버튼을 누른다.

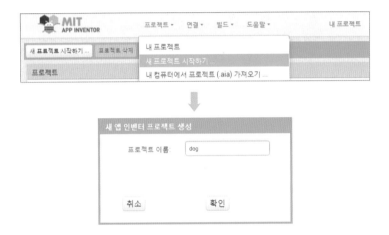

02 디자이너 화면이 표시되었으면, 가장 먼저 팔레트의 [사용자 인터페이스] → [레이블]을 뷰어에 끌어다 놓는다. 속성은 다음 그림과 같이 변경한다.

03 팔레트의 [사용자 인터페이스] → [이미지]를 뷰어에 있는 [레이블1] 아래로 끌어다 놓은 후 속성에서 사진의 '없음'을 클릭하여 [파일 올리기] 버튼을 누른다.

04 [파일 올리기] 대화상자가 표시되면 [파일 선택] 버튼을 누른 후 'dog.bmp' 파일을 선택하고, [확인] 버튼을 누른다. (파일위치: 앱 인벤터\미디어)

05 팔레트의 [미디어] → [소리]를 뷰어에 끌어다 놓으면, 뷰어 아래 '보이지 않는 컴포넌트'
에 위치한다.

06 속성에서 소스의 '없음'을 클릭하여 [파일 올리기] 버튼을 누른다. 다음, [파일 선택] 버
튼을 눌러 'bowwow.mp3' 파일을 선택하고 [확인] 버튼을 누른다. (파일위치: 앱 인벤
터\미디어)

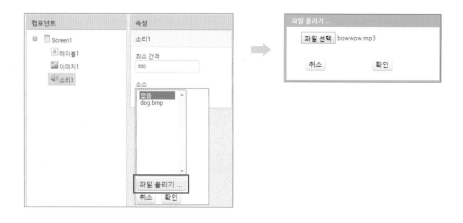

07 팔레트의 [센서] → [가속도 센서]를 뷰어에 끌어다 놓는다. 이 컴포넌트 역시 '보이지 않는 컴포넌트'에 위치한다.

08 디자이너 화면에서 앱에 필요한 컴포넌트를 모두 추가했다. 다음 블록 화면으로 넘어가 각 컴포넌트에 대한 동작을 설정하도록 한다.

5. 전체 블록코딩 소스

6. 블록코딩 소스 풀이

01 스마트폰을 흔들었을 때의 동작감지를 위해, 블록 목록에서 [가속도_센서1]을 클릭하고 뷰어에 블록이 표시되면 [언제 가속도_센서1 ▾.흔들림] 블록을 선택하여 뷰어 화면에 놓는다.

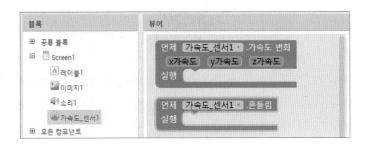

02 강아지 소리가 나도록 블록 목록에서 [소리1]을 클릭한 후 [호출 소리1 ▼ .재생] 블록을 선택하여 앞서 추가한 블록에 끼워 넣는다.

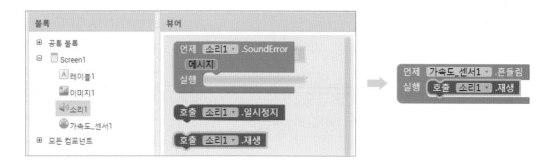

7. 스마트 앱 설치

01 앱 인벤터 화면의 상단 메뉴 중 [빌드 ▼] → [앱(.apk 용 QR 코드 제공)]을 클릭한다.

02 화면에 QR 코드가 나타나면, 스마트폰의 QR 코드 인식 애플리케이션을 이용하여 해당 코드를 찍는다.

03 QR코드 인식으로 작성된 앱을 다운받아 스마트폰에 설치한다.

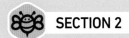 **SECTION 2**

한영 번역기 프로젝트

학습목표

1. 프로젝트에 새로운 컴포넌트인 음성 인식, 텍스트 상자, Yandex 번역 컴포넌트를 활용하여 앱을 만들수 있다.
2. 앱을 실행하여 한글을 영어로 번역하여 표시할 수 있다.
3. 버튼을 누르고 단어를 말하면, 화면에 영단어로 표시할 수 있다.

프로젝트 이름: translation_2

이번 SECTION에서는 마이크 모양의 버튼을 누르고 단어를 말하면 화면에 영단어로 표시되는 앱을 만든다. 즉, 스마트폰에서 앱을 실행했을 때 음성을 인식하여 영어로 번역하는 앱을 말한다. 앞선 CHAPTER에서 활용했던 수평 배치, 버튼, 이미지 등의 컴포넌트를 활용하여 앱 화면의 완성도를 높인다.

1. 프로젝트 이해하기

프로젝트 개요	1. 음성 인식 동작을 위한 버튼 만들기 2. 결과(텍스트 표시) 상자 만들기 3. 번역 및 지우기 버튼 만들기 4. 음성 인식 후 텍스트 및 영어로 번역된 결과가 표시되는 코딩하기
사용하는 프로그래밍 요소	1. 클릭: 앱에서 버튼을 누름 2. 음성 인식: 사용자의 음성 인식 3. 번역: 영어로 텍스트 번역

2. 완성 앱 미리 보기

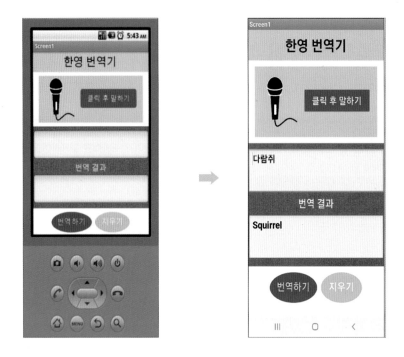

3. 디자인 설계

4. 컴포넌트 설계

translation_2 앱을 만들기 위해 필요한 컴포넌트와 속성은 다음 표를 참고한다.

컴포넌트	이름 수정	속성
Screen1		수평 정렬: 중앙
수평배치	제목틀	수평 정렬: 중앙, 수직 정렬: 가운데, 배경색: 밝은 회색, 높이: 10 percent, 너비: 부모에 맞추기
레이블	한영_번역기	글꼴 굵게, 글꼴 크기: 28, 텍스트: 한영 번역기
수평배치	간격1	수평 정렬: 왼쪽, 수직 정렬: 위, 배경색: 기본, 높이: 2 percent, 너비: 자동
수평배치	음성틀	수평 정렬: 중앙, 수직 정렬: 가운데, 배경색: 밝은 회색, 높이: 23 percent, 너비: 90 percent
이미지	마이크	높이: 100 pixels, 너비: 100 pixels, 사진: m1.png
버튼	클릭	배경색: 파랑, 글꼴 굵게, 글꼴 크기: 18, 높이: 50 pixels, 너비: 160 pixels, 텍스트: 클릭 후 말하기, 텍스트 색상: 흰색
수평배치	간격2	수평 정렬: 왼쪽, 수직 정렬: 위, 배경색: 기본, 높이: 2 percent, 너비: 자동
수평배치	번역틀	수평 정렬: 왼쪽, 수직 정렬: 가운데, 배경색: 빨강, 높이: 40 percent, 너비: 100 percent
표배치	**표배치1**	**열1, 높이: 자동, 너비: 100 percent, 행: 3**
텍스트 상자	**음성인식**	**글꼴 굵게, 글꼴 크기: 18, 높이: 10 percent, 너비: 100 percent, 힌트: (공백), 여러 줄**
레이블	번역_결과	글꼴 굵게, 글꼴 크기: 20, 높이:6 percent, 너비:자동, 텍스트:번역 결과, 텍스트 정렬: 가운데, 텍스트 색상:흰색
텍스트 상자	**번역문자**	**글꼴 굵게, 글꼴 크기: 18, 높이: 15 percent, 너비: 100 percent, 힌트: (공백), 여러 줄, 텍스트: (공백)**
수평배치	간격3	수평 정렬: 왼쪽, 수직 정렬: 위, 배경색: 기본, 높이: 2 percent, 너비: 자동
수평배치	변환틀	수평 정렬: 중앙, 수직 정렬: 가운데, 배경색: 기본, 높이: 10 percent, 너비: 부모에 맞추기
버튼	번역	배경색: 파랑, 글꼴 굵게, 글꼴 크기: 20, 높이: 10 percent, 너비: 35 percent, 모양: 타원, 텍스트: 번역하기, 텍스트 색상: 노랑
수직배치	세로간격1	높이: 자동, 너비: 3 percent
버튼	지우기	배경색: 주황, 글꼴 굵게, 글꼴 크기: 20, 높이: 10 percent, 너비: 30 percent, 모양: 타원, 텍스트: 지우기, 텍스트 색상: 흰색
음성 인식	**음성_인식1**	-
Yandex 번역	**Yandex_번역1**	-

01 [새 프로젝트 시작하기] 버튼이나 상단 메뉴의 [프로젝트 ▼] → [새 프로젝트 시작하기]를 클릭하여 프로젝트 이름에 "translation_2"를 입력한 후 [확인] 버튼을 누른다.

02 컴포넌트에서 [Screen1]을 선택한다. 오른쪽 속성 에서 이 후 컴포넌트들이 가운데에 배치될 수 있 도록 수평 정렬을 [중앙]으로 지정한다.

03 팔레트의 [레이아웃] → [수평배치]를 뷰어에 끌어다 놓는다. 컴포넌트에 추가된 [수평배 치1]이 선택된 상태로 [이름 바꾸기] 버튼을 눌러 "제목틀"을 입력한 후 [확인] 버튼을 누 른다. 다음 그림에 표시된 속성을 모두 찾아 변경한다.

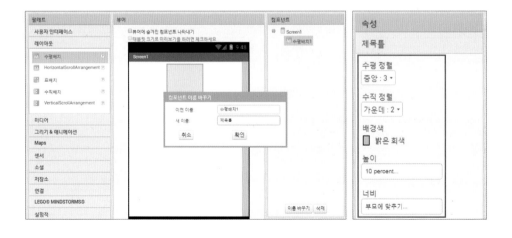

04 팔레트의 [사용자 인터페이스] → [레이블]을 수평 배치 [제목틀] 안에 끌어다 놓는다. 컴
포넌트에 추가된 [레이블1]의 이름을 "한영 번역기"로 바꾸고, 속성을 다음 그림과 같이
변경한다(컴포넌트의 이름에 띄어쓰기를 사용하면 다음 그림과 같이 '_'이 표시된다).

05 팔레트의 [레이아웃] → [수평배치]를 [제목틀] 아래에 끌어다 놓는다. 컴포넌트에 추가된
[수평배치1]의 이름을 "간격1"로 바꾸고, 속성을 다음 그림과 같이 높이 "2" percent로 변
경한다.

06 수평배치 [음성틀] 컴포넌트와 그 안에 포함되는 이미지 [마이크], 버튼 [클릭]을 배치하는 방법은 다음과 같다.

- 팔레트의 [레이아웃] → [수평배치]를 [간격1] 아래에 끌어다 놓는다. 컴포넌트에 추가된 [수평배치1]의 이름을 "음성틀"로 바꾸고, 속성을 다음 그림과 같이 변경한다.

- 팔레트의 [사용자 인터페이스] → [이미지]를 [음성틀] 안에 끌어다 놓는다. 컴포넌트에 추가된 [이미지1]의 이름을 "마이크"로 바꾸고, 속성을 다음 그림과 같이 변경한다. (파일위치: 앱 인벤터\미디어)

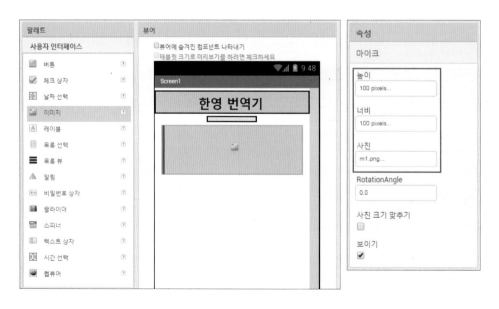

• 팔레트의 [사용자 인터페이스] → [버튼]을 [마이크] 오른쪽에 끌어다 놓는다. 컴포넌트에 추가된 [버튼1]의 이름을 "클릭"으로 바꾸고, 다음 그림에 표시된 속성을 모두 찾아 변경한다.

07 팔레트의 [레이아웃] → [수평배치]를 [음성틀] 아래에 끌어다 놓는다. 컴포넌트에 추가된 [수평배치1]의 이름을 "간격2"로 바꾸고, 속성을 다음 그림과 같이 높이 "2" percent로 변경한다.

08 수평배치 [번역틀] 컴포넌트와 그 안에 포함되는 표배치 [표배치1], 텍스트 상자 [음성인식], 레이블 [번역 결과] 및 텍스트 상자 [번역문자]를 배치하는 방법은 다음과 같다.

- 팔레트의 [레이아웃] → [수평배치]를 [간격2] 아래에 끌어다 놓는다. 컴포넌트에 추가된 [수평배치1]의 이름을 "번역틀"로 바꾸고, 속성을 다음 그림과 같이 변경한다.

- 팔레트의 [레이아웃] → [표배치]를 [번역틀] 안에 끌어다 놓은 후 속성을 다음 그림과 같이 변경한다.

- 팔레트의 [사용자 인터페이스] → [텍스트 상자]를 [표배치1] 안에 끌어다 놓는다. 컴포 넌트에 추가된 [텍스트_상자1]의 이름을 "음성인식"으로 바꾸고, 다음 그림에서 배경 색을 제외한 모든 속성을 찾아 변경한다. (힌트의 내용을 모두 지워 빈 칸으로 둔다.)

- 팔레트의 [사용자 인터페이스] → [레이블]를 [음성인식] 아래에 끌어다 놓는다. 컴포넌 트에 추가된 [레이블1]의 이름을 "번역 결과"로 바꾸고, 다음 그림에서 배경색을 제외 한 모든 속성을 찾아 변경한다.

• 팔레트의 [사용자 인터페이스] → [텍스트 상자]를 [번역_결과] 아래에 끌어다 놓는다. 컴포넌트에 추가된 [텍스트_상자1]의 이름을 "번역문자"로 바꾸고, 속성을 다음 그림과 같이 변경한다.

09 팔레트의 [레이아웃] → [수평배치]를 [번역틀] 아래에 끌어다 놓는다. 컴포넌트에 추가된 [수평배치1]의 이름을 "간격3"으로 바꾸고, 속성을 다음 그림과 같이 높이 "2" percent로 변경한다.

10 수평배치 [변환틀] 컴포넌트와 그 안에 포함되는 버튼 [번역], 수직배치 [세로간격1], 버튼 [지우기]를 배치하는 방법은 다음과 같다.

- 팔레트의 [레이아웃] → [수평배치]를 [간격3] 아래에 끌어다 놓는다. 컴포넌트에 추가된 [수평배치1]의 이름을 "변환틀"로 바꾸고, 속성을 다음 그림과 같이 변경한다.

11 팔레트의 [사용자 인터페이스] → [버튼]을 [변환틀] 안에 끌어다 놓는다. 컴포넌트에 추가된 [버튼1]의 이름을 "번역"으로 바꾸고, 다음 그림에 표시된 속성을 모두 찾아 변경한다.

- 팔레트의 [레이아웃] → [수직배치]를 [번역] 오른쪽에 끌어다 놓은 후 속성을 다음 그림과 같이 너비 "3" percent로 변경한다.

- 팔레트의 [사용자 인터페이스] → [버튼]을 [수직배치1] 오른쪽에 끌어다 놓는다. 컴포넌트에 추가된 [버튼1]의 이름을 "지우기"로 바꾸고, 다음 그림에 표시된 속성을 모두 찾아 변경한다.

12 팔레트의 [미디어] → [음성 인식]을 선택하여 [Screen1] 안에 끌어다 놓는다. 다음, [미디어] → [Yandex 번역]을 선택하여 뷰어에 끌어다 놓는다. 컴포넌트가 앱 화면에 표시되는 것이 아니므로, 배치와 상관없이 끌어다 놓기만 하면 다음과 같이 '보이지 않는 컴포넌트'에 위치한다.

13 디자이너 화면에서 앱에 필요한 컴포넌트를 모두 추가했다. 다음 블록 화면으로 넘어가 각 컴포넌트에 대한 동작을 설정하도록 한다.

5. 전체 블록코딩 소스

6. 블록코딩 소스 풀이

■ 제어	■ 논리	■ 수학	■ 텍스트	■ 리스트	■ 색상
■ 변수	■ 함수	■ 컴포넌트 속성			

(1) 클릭 버튼 블록

음성 데이터를 받아오는 과정으로 클릭 후 단어나 문장을 말하면, 그 음성을 텍스트로 표시

01 [블록] → [클릭] → [언제 클릭▼.클릭] 블록을 선택하여 뷰어에 놓는다.

02 [블록] → [음성_인식1] → [호출 음성_인식1▼.텍스트 가져오기] 블록을 선택하여 앞서 추가한 블록에 연결한다.

(2) 음성 인식 블록

화면에 텍스트로 표시하기 위한 블록코딩 설정

01 [블록] → [음성_인식1] → [언제 음성_인식1▼.텍스트 가져온 후] 블록을 선택하여 뷰어에 놓는다.

02 [블록] → [음성인식] → [지정하기 음성인식▼.텍스트▼값] 블록을 선택하여 앞서 추가한 블록에 연결한다.

03 [블록] → [변수] → [가져오기 ▼] 블록을 선택하여 앞서 추가한 블록에 연결한 후 [가져오기 ▼] 블록의 ▼(콤보 상자)를 클릭하여 **결과**를 선택한다.

(3) 번역 버튼 블록

텍스트로 표시된 데이터를 **영어로 번역**

01 [블록] → [번역] → [언제 번역▾.클릭] 블록을 선택하여 뷰어에 놓는다.

02 [블록] → [Yandex_번역1] → [호출 Yandex_번역1▾.번역 요청하기] 블록을 선택하여 앞서 추가한 블록에 연결한다.

03 [공통 블록] → [텍스트] → ["□"] 블록을 번역 언어 오른쪽에 연결한 후 빈 칸에 **"en"**을 입력한다.

04 [블록] → [음성_인식1] → [음성_인식1▾.결과▾] 블록을 선택하여 문자 번역 오른쪽에 연결한다.

(4) 번역 블록

영어로 번역된 내용을 화면에 표시

01 [블록] → [Yandex_번역1] → [언제 Yandex_번역1▾.번역 받음] 블록을 선택하여 뷰어에 놓는다.

02 [블록] → [번역문자] → [지정하기 번역문자▾.텍스트▾값] 블록을 선택하여 앞서 추가한 블록에 연결한다.

03 뷰어에 있는 [언제 Yandex_번역1▾.번역 받음] 블록의 번역에 마우스 포인터 올려 표시되는 블록 중 [가져오기 번역▾] 블록을 클릭하여 앞서 추가한 블록에 끼워 넣는다.

(5) 지우기 버튼 블록

음성인식 데이터와 번역 데이터를 **삭제**

01 [블록] → [지우기]의 [언제 지우기▾.클릭] 블록을 선택하여 뷰어에 놓는다.

02 [블록] → [음성인식]의 [지정하기 음성인식▼.텍스트▼ 값] 블록을 앞서 추가한 블록에 연결한다.

03 [공통 블록] → [텍스트] → ["□"] 블록을 선택하여 앞서 추가한 블록에 연결한다.

04 [블록] → [번역문자] → [지정하기 번역문자▼.텍스트▼ 값] 블록을 [지정하기 음성인식▼.텍스트▼ 값] 블록 아래에 끼워 넣는다.

05 [공통 블록] → [텍스트] → ["□"] 블록을 선택하여 앞서 추가한 블록에 연결한다.

7. 스마트 앱 설치

01 앱 인벤터 화면의 상단 메뉴 중 [빌드▼] → [앱(.apk 용 QR 코드 제공)]을 클릭한다.

02 화면에 QR 코드가 나타나면, 스마트폰의 QR 코드 인식 애플리케이션을 이용하여 해당 코드를 찍는다.

03 QR코드 인식으로 작성된 앱을 다운받아 스마트폰에 설치한다.

 **SECTION 3**

연습 문제

1. 앱을 실행한 후 스마트폰을 흔들면, 화면의 배경색이 바뀌는 앱을 만들어 봅시다. 가속도 센서와 [CHAPTER 3/SECTION 2 화면 전환하기]에서 배웠던 Screen 추가 기능을 활용합니다.

- 프로젝트명: shake
- 컴포넌트 설계

컴포넌트	이름 수정	속성
	Screen1	배경색: 분홍
가속도 센서	가속도_센서1	–
	Screen2	배경색: 파랑
가속도 센서	가속도_센서1	–

- 완성화면

〈Screen1〉

〈Screen2〉

2. 버튼 컴포넌트에 고양이 사진을 지정하고, 고양이 사진을 누르면 고양이 울음소리가 나오도록 앱을
   만들어 봅시다.

- 프로젝트명: kitty
- 컴포넌트 설계

컴포넌트	이름 수정	속성
	Screen1	수평 정렬: 중앙, 수직 정렬: 가운데
버튼	버튼1	높이: 50 percent, 너비: 100 percent, 이미지: cat.png, 텍스트: (공백)
소리	소리1	소스: cat_meow.wav

- 완성화면

3. 버튼을 눌러 문장이나 단어를 말하면, 화면에 텍스트로 표시됨과 동시에 해당 텍스트를 앱에서 바로 읽어주는 앱을 만들어 봅시다. 이 앱을 만들기 위해서 [미디어]의 [음성 변환] 컴포넌트가 필요합니다.

- 프로젝트명: repeat
- 컴포넌트 설계

컴포넌트	이름 수정	속성
텍스트 상자	텍스트_상자1	너비: 80 percent, 힌트: (공백)
레이블	빈칸	높이: 20 pixels, 텍스트: (공백)
버튼	말하기	텍스트: 눌러주세요!
음성 인식	음성_인식1	–
음성 변환	**음성_변환1**	–

- 완성화면

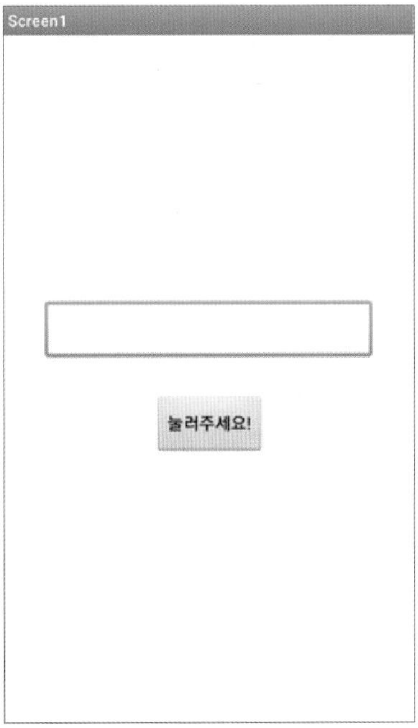

🎓 참고

음성 변환이란?

음성 변환 기능을 사용하여 글을 말로 바꾸어주는 컴포넌트이다. repeat 앱에서는 텍스트 상자에 표시된 단어나 문장을 소리로 바꾸어 읽어준다.

> 호출 음성_변환1 ▾ 말하기
> 　　　　메시지 ▸ 텍스트_상자1 ▾ . 텍스트 ▾

블록 화면에서 [음성_변환1]을 클릭하여 블록 목록 중 [호출 음성_변환1▾.말하기] 블록을 선택하여 뷰어에 끌어다 놓는다. 그림과 같이 [텍스트_상자1▾ . 텍스트▾] 블록을 끼워 넣으면, 텍스트 상자에 표시된 글을 읽어준다.

Hint

음성 인식을 통해 텍스트 상자에 표시된 [가져오기 결과▾] 다음에 실행되어야 할 기능이다. 그림과 같은 블록이 결과 바로 다음으로 들어가야 한다.

CHAPTER **6 변수 활용 및
목록 지정하기**

CHAPTER 6에서는 변수를 이용한 계산기 앱과 스피너 컴포넌트를 활용한 영화 예매하기 앱을 만들어보도록 한다. 변수란 무엇이며, 스피너를 어떻게 활용하는지를 알아본다.

SECTION 1

변수 기본 개념 익히기

학습목표

1. 변수의 의미를 설명할 수 있으며, 활용할 수 있다.
2. 변수의 종류를 알 수 있고 설명할 수 있다.
3. 변수 블록을 이용하여 계산기를 만들 수 있다.

프로젝트 이름: Calc

1. 변수(Variable)

(1) 변수의 의미

변수는 어떤 값을 저장하기 위한 메모리 공간이다. 데이터를 저장하는 그릇과 같다고 보면 된다.

값이나 계산의 결과를 임시로 저장할 경우 변수라는 공간을 만들어 저장하게 된다. 변수(Variable)란 변하는 값이면서 그 값을 저장하는 공간으로 저장 공간의 위치를 알 수 없어도 변수 명으로 값을 불러올 수 있다.

(2) 변수의 자료형

변수에 저장되는 유형을 자료형이라고 한다. 앱 인벤터에 사용되는 변수의 자료형은 다음과 같다.

① 숫자형 **▐ 0 ▌** : 정수나 실수를 저장하는 공간

② 문자형 **▐ " " ▌** : 문자나 문자형을 저장하는 공간

③ 논리형 **▐ 참 ▾▌** : 참과 거짓을 저장할 수 있는 공간

(3) 전역변수(global variable)

앱 인벤터의 블록 영역에서 어디서든 사용할 수 있는 변수를 전역변수라고 한다. 전역변수 만드는 과정은 다음과 같다. 변수 블록에서 [전역변수 초기화 변수_이름 값] 블록을 뷰어로 끌어와 변수 이름에 num을 입력하여 변수 이름을 설정한다. 그런 다음 변수를 숫자 "0"으로 초기화한다.

(4) 지역변수(local variable)

지역변수는 변수를 선언한 그 블록에서만 사용할 수 있는 제한적인 변수이다. 지역변수 만드는 과정은 다음과 같다. 변수 블록에서 [⚙지역변수 초기화 변수_이름 값] 블록을 뷰어로 끌어와 변수 이름을 설정한다. 블록 안의 ⚙버튼을 클릭하면 [이름] 블록을 추가할 수 있다.

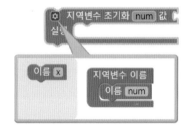

(5) 변수 블록

공통 블록의 변수를 클릭하면 뷰어에 다음과 같은 변수 블록들이 나타난다.

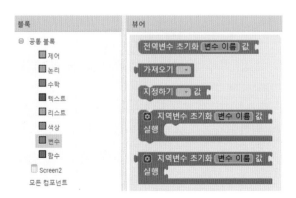

List	설명
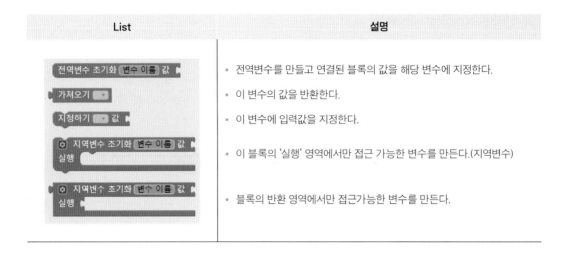	• 전역변수를 만들고 연결된 블록의 값을 해당 변수에 지정한다.
	• 이 변수의 값을 반환한다.
	• 이 변수에 입력값을 지정한다.
	• 이 블록의 '실행' 영역에서만 접근 가능한 변수를 만든다.(지역변수)
	• 블록의 반환 영역에서만 접근가능한 변수를 만든다.

2. 조건문

(1) 조건문의 정의

조건에 따라 참과 거짓을 판별할 수 있는 식을 조건문이라고 한다. 프로그래밍에서는 조건식의 참, 거짓에 따라 수행할 명령이 선택된다. 조건이 true 일 경우 실행1로, 조건이 false일 경우 실행2로 분기한다.

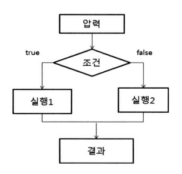

(2) 조건문의 블록

[공통 블록]의 [제어]를 클릭하여 [만약 그러면] 블록을 선택하여 뷰어에 끌어다 놓는다.

- 함수 블록의 좌측 상단에 있는 설정(⚙) 버튼을 클릭하면 조건문을 바꿀 수 있다. 블록을 추가하면 단순 조건문에서 중첩 조건문으로 바꿀 수 있다.

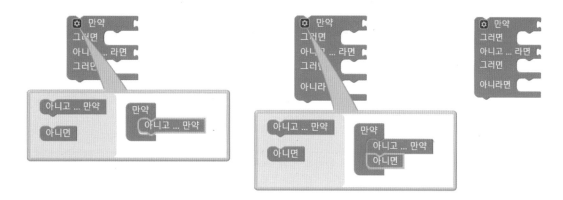

- 조건문은 CHAPTER 10에서 자세히 다루기로 한다.

SECTION 2
계산기 프로젝트

1. 프로젝트 이해하기

프로젝트 개요	1. 숫자를 입력할 수 있는 텍스트 상자를 만든다. 2. 숫자를 입력한 후 4칙연산 버튼을 누르면 버튼에 맞게 계산을 수행한다. 3. C 버튼을 누르면 계산이 초기화된다.
사용하는 프로그래밍 요소	1. 변수에 대해 알아보도록 한다. 2. 논리식에 대해 알아보고 프로젝트에 적용하도록 한다. 3. 버튼을 클릭할 때 계산이 수행된다.(이벤트 발생)

2. 완성 앱 미리 보기

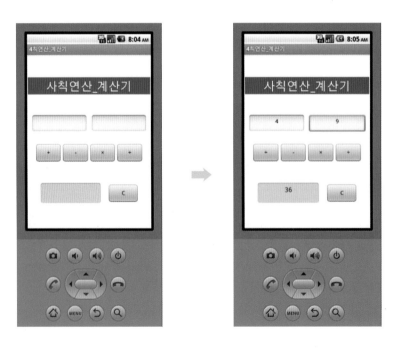

3. 디자인 설계

4. 컴포넌트 설계

Calc 앱을 만들기 위해 필요한 컴포넌트와 속성은 다음 표를 참고한다.

컴포넌트	이름 수정	속성
레이블	제목	배경색: 파랑, 글꼴 굵게 : 체크, 글꼴 크기: 30, 너비: 부모에 맞추기, 텍스트: 사칙연산_계산기, 텍스트 정렬: 가운데:1, 텍스트 색상: 흰색
수평배치	수평배치1	높이: 3 percent, 너비: 부모에 맞추기
수평배치	수평배치2	수평 정렬: 중앙 , 높이: 10 percent, 너비: 부모에 맞추기
텍스트 상자	입력1	높이: 부모에 맞추기, 너비: 45 percent, 힌트: (공백), 숫자만 체크, 텍스트 정렬: 가운데
수평배치	수평배치3	높이: 부모에 맞추기, 너비: 10 pixels
텍스트 상자	입력2	높이: 부모에 맞추기, 너비: 45 percent, 힌트: (공백), 숫자만 체크, 텍스트 정렬: 가운데
수평배치	수평배치4	높이: 3 percent, 너비: 부모에 맞추기

컴포넌트	이름 수정	속성
수평배치	수평배치5	수평 정렬: 중앙, 너비: 부모에 맞추기
버튼	더하기	글꼴 크기: 15, 너비: 22 percent, 텍스트: +
버튼	빼기	글꼴 크기: 15, 너비: 22 percent, 텍스트: −
버튼	곱하기	글꼴 크기: 15, 너비: 22 percent, 텍스트: ×
버튼	나누기	글꼴 크기: 15, 너비: 22 percent, 텍스트: ÷
수평배치	수평배치6	높이: 3 percent, 너비: 부모에 맞추기
수평배치	수평배치7	수평 정렬: 중앙, 수직 정렬: 가운데, 높이: 12 percent, 너비: 부모에 맞추기
텍스트 상자	결과값	글꼴 크기: 16, 높이: 부모에 맞추기, 힌트: (공백), 숫자만 체크, 텍스트 정렬: 가운데
수평배치	수평배치8	너비: 5 percent
버튼	초기화	글꼴 크기: 15, 높이: 10 percent, 너비: 25 percent, 텍스트: C

01 상단 메뉴의 [프로젝트 ▾] → [새 프로젝트 시작하기]를 클릭하여 프로젝트 이름에 "Calc"를 입력한 후 [확인] 버튼을 누른다.

02 디자이너 화면이 표시되었으면, 가장 먼저 팔레트에서 [사용자 인터페이스] → [레이블]을 뷰어로 끌어다 놓는다. 컴포넌트에 추가된 [레이블1]을 선택한 후 아래 [이름 바꾸기] 버튼을 누른다. 다음 새 이름에 "제목"을 입력하고, 다음 그림에 표시된 속성을 모두 찾아 변경한다.

03 팔레트의 [레이아웃] → [수평배치]를 [제목] 레이블 아래로 끌어다 놓는다. 속성은 다음 그림과 같이 변경한다.

04 팔레트의 [레이아웃] → [수평배치]를 [수평배치1] 아래로 끌어다 놓는다. 속성은 다음 그림과 같이 변경한다.

05 팔레트의 [사용자 인터페이스] → [텍스트 상자]를 [수평배치2] 안으로 끌어다 놓는다. 컴포넌트에 추가된 [텍스트1]의 이름을 "입력1"로 바꾸고, 속성을 다음 그림과 같이 변경한다.

06 팔레트의 [레이아웃] → [수평배치]를 [입력1] 오른쪽으로 끌어다 놓는다. 속성을 다음 그림과 같이 변경한다.

07 팔레트의 [사용자 인터페이스] → [텍스트 상자]를 [수평배치3] 오른쪽에 끌어다 놓는다. 컴포넌트에 추가된 [텍스트1]의 이름을 "입력2"로 바꾸고, 속성을 다음 그림과 같이 변경한다.

08 팔레트의 [레이아웃] → [수평배치]를 [수평배치2] 아래에 끌어다 놓는다. 속성은 다음 그림과 같이 높이 "3" percent, 너비 [부모에 맞추기]로 변경한다.

09 팔레트의 [레이아웃] → [수평배치]를 [수평배치4] 아래에 끌어다 놓는다. 속성은 다음 그림과 같이 수평 정렬을 [중앙]으로, 너비를 [부모에 맞추기]로 변경한다.

10 팔레트의 [사용자 인터페이스] → [버튼]을 [수평배치5] 안에 끌어다 놓는다. 컴포넌트에 추가된 [버튼1]의 이름을 "더하기"로 바꾸고, 속성을 다음 그림과 같이 변경한다.

11 같은 방법으로 버튼을 추가한 후 버튼 이름을 "빼기", "곱하기", "나누기"로 지정한다. 속성은 [더하기] 버튼과 같게 설정하고, 텍스트만 각각 "−", "×", "÷"로 차례대로 입력한다.

참고

곱하기 나누기 버튼에 ×, ÷를 입력하는 방법

속성의 텍스트에 "ㄷ"을 입력한 후 키보드의 [한자] 키를 누른다.

12 팔레트의 [레이아웃] → [수평배치]를 [수평배치5] 아래로 끌어다 놓는다. 속성은 다음 그림과 같이 높이 "3" percent, 너비를 [부모에 맞추기]로 변경한다.

13 팔레트의 [레이아웃] → [수평배치]를 [수평배치6] 아래로 끌어다 놓는다. 속성을 다음 그림과 같이 변경한다.

14 팔레트의 [사용자 인터페이스] → [텍스트 상자]를 [수평배치7] 안으로 끌어다 놓는다. 컴포넌트에 추가된 [텍스트1]의 이름을 "결과값"으로 바꾸고, 다음 그림에서 배경색을 제외한 모든 속성을 찾아 변경한다.

15 팔레트의 [레이아웃] → [수평배치]를 [결과값] 오른쪽에 끌어다 놓는다. 속성은 다음 그림과 같이 너비 "5" percent로 변경한다.

16 팔레트의 [사용자 인터페이스] → [버튼]을 [수평배치8] 오른쪽에 끌어다 놓는다. 컴포넌트에 추가된 [버튼1]의 이름을 "초기화"로 바꾸고, 속성을 다음 그림과 같이 변경한다.

17 디자이너 화면에서 앱에 필요한 컴포넌트를 모두 추가했다. 다음 블록 화면으로 넘어가각 컴포넌트에 대한 동작을 설정하도록 한다.

5. 전체 블록코딩 소스

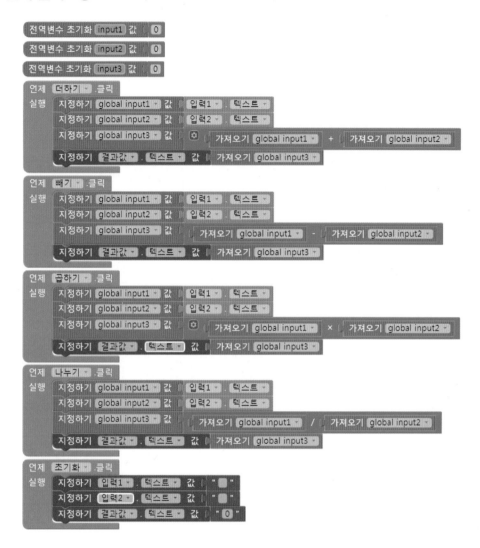

6. 블록코딩 소스 풀이

(1) 전역변수 블록 및 더하기 버튼 블록

전역변수 설정 및 사칙연산 중 더하기 수행

⌞01⌝ [공통 블록] → [변수] → [전역 변수 초기화 변수 이름 값] 블록을 선택하여 변수 이름에 **"input1"**을 입력하고, [공통 블록] → [수학]의 [0] 블록을 연결한다(input1 변수 생성).

⌞02⌝ [공통 블록] → [변수] → [전역 변수 초기화 변수 이름 값] 블록을 선택하여 변수 이름에 **"input2"**를 입력하고, [공통 블록] → [수학]의 [0] 블록을 연결한다(input2 변수 생성).

⌞03⌝ [공통 블록] → [변수] → [전역 변수 초기화 변수 이름 값] 블록을 선택하여 변수 이름에 **"result"**를 입력하고, [공통 블록] → [수학]의 [0] 블록을 연결한다(result 변수 생성).

⌞04⌝ [블록] → [더하기] → [언제 더하기▼.클릭] 블록을 선택하여 뷰어에 놓은 후 다음과 같은 항목을 끼워 넣는다.

- [공통 블록] → [변수] → [지정하기 ▼값] 블록을 클릭하여 변수 이름에 **'global input1'**을 선택한 후 [블록] → [입력1]의 [입력1▼].[텍스트▼] 블록을 연결한다.

- [공통 블록] → [변수] → [지정하기 ▼값] 블록을 클릭하여 변수 이름에 **'global input2'**를 선택한 후 [블록] → [입력2] → [입력2▼.텍스트▼] 블록을 연결한다.

- [공통 블록] → [변수] → [지정하기 ▼값] 블록을 클릭하여 변수 이름에 **'global result'**를 선택한 후 [공통 블록] → [수학] → [⚙□+□] 블록을 연결한다. 왼쪽에 [공통 블록] → [변수] → [가져오기 ▼값] 블록을 연결한 후 **'global input1'**을 선택하고, 오른쪽에 **'global input2'**를 선택하여 두 수를 더한다.

- [블록] → [결과값] → [지정하기 결과값▼.텍스트▼ 값] 블록을 가장 아래에 추가한 후 [공통 블록] → [변수] → [가져오기 ▼값] 블록을 연결하여 변수 이름에 **'global result'**를 선택한다.

(2) 빼기 버튼 블록

사칙 연산 중 빼기를 수행

01 [블록] → [빼기] → [언제 빼기▼.클릭] 블록을 선택하여 뷰어에 놓는다.

02 [공통 블록] → [변수] → [지정하기 ▼값] 블록을 앞서 추가한 블록에 연결한다. 변수 이름에 '**global input1**'을 선택한 후 [블록] → [입력1] → [입력1 ▼.텍스트 ▼] 블록을 연결한다.

03 [공통 블록] → [변수] → [지정하기 ▼값] 블록을 앞서 추가한 블록에 연결한다. 변수 이름에 '**global input2**'를 선택한 후 [블록] → [입력2]의 [입력2] ▼.[텍스트 ▼] 블록을 연결한다.

04 [공통 블록] → [변수] → [지정하기 ▼값] 블록을 앞서 추가한 블록에 연결한다. 변수 이름에 '**global result**'를 선택한 후 [공통 블록] → [수학] → [□−□] 블록을 끼워 넣는다. 왼쪽에 [공통 블록] → [변수] → [가져오기 ▼값] 블록을 연결한 후 변수 이름에 '**global input1**'을 선택하고, 오른쪽에는 '**global input2**'를 선택하여 두 수를 더한다.

05 [블록] → [결과값] → [지정하기 결과값▼.텍스트▼값] 블록을 가장 아래에 추가한 후 [공통 블록] → [변수] → [가져오기 ▼값] 블록을 연결하고, 변수 이름에 '**global result**'를 선택한다.

(3) 곱하기 버튼 블록

사칙 연산 중 곱하기를 수행

01 [블록] → [곱하기] → [언제 곱하기▼.클릭] 블록을 선택하여 뷰어에 놓는다.

02 [공통 블록] → [변수] → [지정하기 ▼값] 블록을 앞서 추가한 블록에 연결한다. 변수 이름에 '**global input1**'을 선택한 후 [블록] → [입력1] → [입력1 ▼.텍스트 ▼] 블록을 연결한다.

03 [공통 블록] → [변수] → [지정하기 ▼값] 블록을 앞서 추가한 블록 아래에 끼워 넣는다. 변수 이름에 '**global input2**'를 선택한 후 [블록] → [입력2] → [입력2 ▼.텍스트 ▼] 블록을 연결한다.

04 [공통 블록] → [변수] → [지정하기 ▼값] 블록을 앞서 추가한 블록 아래에 끼워 넣는다. 변수 이름에 '**global result**'를 선택한 후 [공통 블록] → [수학] → [⚙□×□] 블록을 연결한다. 왼쪽에 [공통 블록] → [변수] → [가져오기 ▼값] 블록을 연결한 후 변수 이름에 '**global input1**'을 선택하고, 오른쪽에는 '**global input2**'를 선택하여 두 수를 곱한다.

05 [블록] → [결과값] → [지정하기 결과값 ▼.텍스트 ▼값] 블록을 가장 아래에 추가한 후 [공통 블록] → [변수] → [가져오기 ▼값] 블록을 연결하고, 변수 이름에 '**global result**'를 선택한다.

(4) 나누기 버튼 블록

사칙 연산 중 나누기를 수행

01 [블록] → [나누기] → [언제 나누기 ▼.클릭] 블록을 선택하여 뷰어에 놓는다.

02 [공통 블록] → [변수] → [지정하기 ▼값] 블록을 앞서 추가한 블록에 끼워 넣는다. 변수 이름에 '**global input1**'을 선택한 후 [블록] → [입력1] → [입력1 ▼.텍스트 ▼] 블록을 연결한다.

03 [공통 블록] → [변수] → [지정하기 ▼값] 블록을 앞서 추가한 블록 아래에 끼워 넣는다. 변수 이름에 '**global input2**'를 선택한 후 [블록] → [입력2] → [입력2 ▼.텍스트 ▼] 블록을 연결한다.

04 [공통 블록] → [변수] → [지정하기 ▼값] 블록을 앞서 추가한 블록 아래에 끼워 넣는다. 변수 이름에 '**global result**'를 선택한 후 [공통 블록] → [수학] → [□/□] 블록을 연결한다. 왼쪽에 [공통 블록] → [변수] → [가져오기 ▼값] 블록을 연결한 후 변수 이름에 '**global input1**'을 선택하고, 오른쪽에는 '**global input2**'를 선택하여 두 수를 더한다.

05 [블록] → [결과값] → [지정하기 결과값▼.텍스트▼값] 블록을 가장 아래에 추가한 후 [공통 블록] → [변수] → [가져오기 ▼값] 블록을 연결하고, 변수 이름에 '**global result**'를 선택한다.

변수를 사용하지 않고 사칙 연산중 나누기 블록을 설정할 수 있는 방법

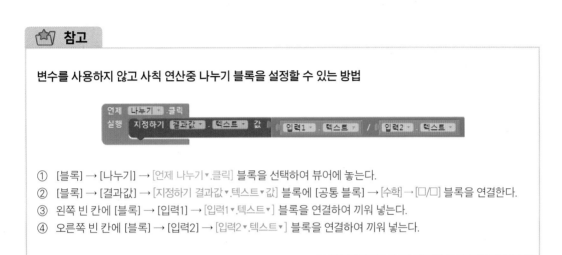

① [블록] → [나누기] → [언제 나누기▼.클릭] 블록을 선택하여 뷰어에 놓는다.
② [블록] → [결과값] → [지정하기 결과값▼.텍스트▼값] 블록에 [공통 블록] → [수학] → [□/□] 블록을 연결한다.
③ 왼쪽 빈 칸에 [블록] → [입력1] → [입력1▼.텍스트▼] 블록을 연결하여 끼워 넣는다.
④ 오른쪽 빈 칸에 [블록] → [입력2] → [입력2▼.텍스트▼] 블록을 연결하여 끼워 넣는다.

---

(5) 초기화 버튼 블록

입력했던 수와 결과값을 모두 지움

01 [블록] → [초기화] → [언제 초기화▼.클릭] 블록을 선택하여 뷰어에 놓는다.

02 [블록] → [입력2] → [지정하기 입력2▼.텍스트▼값] 블록을 앞서 추가한 블록에 연결한다.

03 [블록] → [입력2] → [지정하기 입력2▼.텍스트▼값] 블록에 [공통 블록] → [텍스트] → ["□"] 블록을 연결한다.

04 [블록] → [입력1] → [지정하기 입력1▼.텍스트▼값] 블록을 [언제 초기화▼.클릭] 블록에 연결한다.

05 [블록] → [입력1] → [지정하기 입력1▼.텍스트▼값] 블록에 [공통 블록] → [텍스트] → ["□"] 블록을 연결한다.

06 [블록] → [결과값] → [지정하기 결과값 ▾ .텍스트 ▾ 값] 블록을 [언제 초기화 ▾ .클릭] 블록에
끼워 넣는다.

07 [블록] → [결과값] → [지정하기 결과값 ▾ .텍스트 ▾ 값] 블록에 [공통 블록] → [텍스트] →
["□"] 블록을 연결한 후 "0"을 입력한다.

7. 스마트폰 앱 설치

01 앱 인벤터 화면의 상단 메뉴 중 [빌드 ▾] → [앱(.apk 용 QR 코드 제공)]을 클릭한나.

02 화면에 QR 코드가 나타나면, 스마트폰의 QR 코드 인식 애플리케이션을 이용하여 해당
코드를 찍는다.

03 QR코드 인식으로 작성된 앱을 다운받아 스마트폰에 설치한다.

SECTION 3

영화 예매하기 프로젝트

학습목표

1. 영화 예매하기 앱의 화면을 설계할 수 있다.
2. 컴포넌트에 기본값을 설정할 수 있다.
3. 블록코딩을 이용하여 컴포넌트가 동작되도록 설정할 수 있다.

프로젝트 명 : reservation_3

이번 SECTION에서는 목록에 표시된 영화를 선택하고, 날짜와 시간을 지정하여 영화 예매를 확인할 수 있는 앱을 만들어보도록 한다. 새로운 컴포넌트인 '스피너'를 활용하여 앱에 목록을 추가할 수 있다.

1. 프로젝트 이해하기

프로젝트 개요	1. 날짜 컴포넌트 연결하기 2. 스피너 컴포넌트에 기본 값 등록하기 3. 컴포넌트에서 선택한 값 결과창에 표시하기
사용하는 프로그래밍 요소	1. 텍스트 합치기 : 날짜 형식(년-월-일) 2. 계산하기 : 예매 수량×12,000 3. 선택 및 입력 정보 출력하기

2. 완성 앱 미리 보기

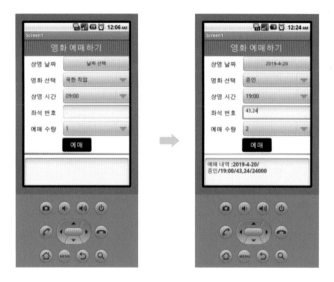

3. 디자인 설계

4. 컴포넌트 설계

컴포넌트	이름 수정	속성
수평배치	제목틀	수평 정렬: 중앙, 수직 정렬: 가운데, 배경색: 자홍색, 높이: 10 percent, 너비: 부모에 맞추기
레이블	제목	글꼴 굵게, 글꼴 크기: 25, 텍스트: 영화 예매하기, 텍스트 색상 : 흰색
수평배치	날짜틀	수직 정렬: 가운데, 높이: 10 percent, 너비: 부모에 맞추기
레이블	상영_날짜	글꼴 굵게, 글꼴 크기 : 18, 너비: 35 percent, 텍스트: 상영 날짜, 텍스트 정렬: 가운데
날짜 선택	날짜_선택	너비: 65 percent, 텍스트: 날짜 선택, 텍스트 정렬: 가운데
수평배치	영화제목틀	수직 정렬: 가운데, 높이: 10 percent, 너비: 부모에 맞추기
레이블	영화제목	글꼴 굵게, 글꼴 크기 : 18, 너비: 35 percent, 텍스트: 영화 선택, 텍스트 정렬: 가운데
스피너	**영화선택**	**목록 문자열: 극한 직업, 항거, 증인, 캡틴 마블, 너비: 65 percent, 창 제목: 영화 제목**
수평배치	시간틀	수직 정렬: 가운데, 높이: 10 percent, 너비: 부모에 맞추기
레이블	레이블1	글꼴 굵게, 글꼴 크기 : 18, 너비: 35 percent, 텍스트: 상영 시간, 텍스트 정렬: 가운데
스피너	**상영_시간**	**목록 문자열: 09:00, 11:30, 14:00, 16:30, 19:00, 21:30 너비: 65 percent, 창 제목: 상영 시간**
수평배치	좌석틀	수직 정렬: 가운데, 높이: 10 percent, 너비: 부모에 맞추기
레이블	좌석_레이블	글꼴 굵게, 글꼴 크기 : 18, 너비: 35 percent, 텍스트: 좌석 번호, 텍스트 정렬: 가운데
텍스트 상자	좌석	너비: 65 percent, 힌트: (공백)
수평배치	수량틀	수직 정렬: 가운데, 높이: 10 percent, 너비: 부모에 맞추기
레이블	수량레이블	글꼴 굵게, 글꼴 크기 : 18, 너비: 35 percent, 텍스트: 예매 수량, 텍스트 정렬: 가운데
스피너	**수량**	**목록 문자열: 1,2,3,4,5,6,7,8,9, 너비: 65 percent, 창 제목: 예매 수량**
수평배치	수평배치2	수평 정렬: 중앙, 수직 정렬 : 가운데, 높이: 10 percent, 너비: 부모에 맞추기
버튼	예매	배경색: 검정, 글꼴 굵게, 글꼴 크기: 20, 너비: 30 percent, 텍스트: 예매, 텍스트 색상: 흰색
수평배치	분홍선	배경색: 자홍색, 높이: 1 percent, 너비: 부모에 맞추기
수평배치	간격1	높이:2 percent, 너비: 자동
텍스트 상자	예매결과	글꼴 굵게, 글꼴 크기: 16, 높이: 20 percent, 너비: 부모에 맞추기, 힌트: (공백), 여러 줄, 텍스트 색상: 파랑

01 상단 메뉴의 [프로젝트▼] → [새 프로젝트 시작하기]를 클릭하여 프로젝트 이름에 "reservation_3"을 입력한 후 [확인] 버튼을 누른다.

02 팔레트의 [레이아웃] → [수평배치]를 뷰어에 끌어다 놓는다. 컴포넌트에 추가된 [수평배치1]의 이름을 "제목틀"로 바꾸고, 속성을 다음 그림과 같이 변경한다.

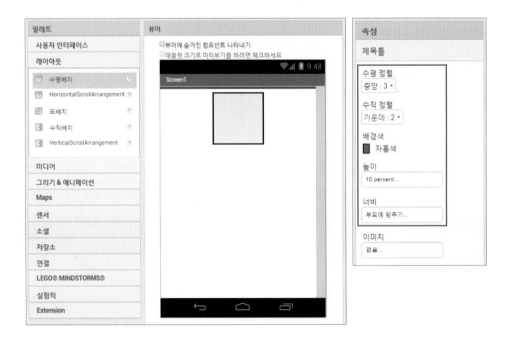

03 팔레트의 [사용자 인터페이스] → [레이블]을 [제목틀] 안에 끌어다 놓는다. 컴포넌트에 추가된 [레이블1]의 이름을 "제목"으로 바꾸고, 속성을 다음 그림과 같이 변경한다.

04 팔레트의 [레이아웃] → [수평배치]를 [제목틀] 아래에 끌어다 놓는다. 컴포넌트에 추가된 [레이블1]의 이름을 "날짜틀"로 바꾸고, 속성을 다음 그림과 같이 변경한다.

05 팔레트의 [사용자 인터페이스] → [레이블]을 [제목틀] 안에 끌어다 놓는다. 컴포넌트에
추가된 [레이블1]의 이름을 "상영 날짜"로 바꾸고, 속성을 다음 그림과 같이 변경한다.

06 팔레트의 [사용자 인터페이스] → [날짜 선택]을 [상영_날짜] 오른쪽에 끌어다 놓는다. 컴
포넌트에 추가된 [날짜_선택1]의 이름을 "날짜 선택"으로 바꾸고, 속성을 다음 그림과 같
이 변경한다.

07 팔레트의 [레이아웃] → [수평배치]를 [날짜틀] 아래에 끌어다 놓는다. 컴포넌트에 추가된 [날짜_선택1]의 이름을 "영화제목틀"로 바꾸고, 속성을 다음 그림과 같이 변경한다.

08 팔레트의 [사용자 인터페이스] → [레이블]을 [영화제목틀] 안에 끌어다 놓는다. 컴포넌트에 추가된 [레이블1]의 이름을 "영화제목"으로 바꾸고, 속성을 다음 그림과 같이 변경한다.

09 팔레트의 [사용자 인터페이스] → [스피너]를 [영화제목] 오른쪽에 끌어다 놓는다. 컴포넌 트에 추가된 [스피너1]의 이름을 "영화선택"으로 바꾸고, 속성을 다음 그림과 같이 변경 한다.

※ 목록 문자열: 극한 직업, 항거, 증인, 캡틴 마블

10 팔레트의 [레이아웃] → [수평배치]를 [영화제목틀] 아래에 끌어다 놓는다. 컴포넌트에 추 가된 [수평배치1]의 이름을 "시간틀"로 바꾸고, 속성을 다음 그림과 같이 변경한다.

11 팔레트의 [사용자 인터페이스] → [레이블]을 [시간틀] 안으로 끌어다 놓은 후 속성을 다음 그림과 같이 변경한다.

12 팔레트의 [사용자 인터페이스] → [스피너]를 [레이블1] 오른쪽에 끌어다 놓는다. 컴포넌트에 추가된 [스피너1]의 이름을 "상영 시간"으로 바꾸고, 속성을 다음 그림과 같이 변경한다.

※ 목록 문자열: 09:00, 11:30, 14:00, 16:30, 19:00, 21:30

13 팔레트의 [레이아웃] → [수평배치]를 [시간틀] 아래에 끌어다 놓는다. 컴포넌트에 추가된 [수평배치1]의 이름을 "좌석틀"로 바꾸고, 속성을 다음 그림과 같이 변경한다.

14 팔레트의 [사용자 인터페이스] → [레이블]을 [좌석틀] 안으로 끌어다 놓는다. 컴포넌트에 추가된 [레이블2]의 이름을 "좌석 레이블"로 바꾸고, 속성을 다음 그림과 같이 변경한다.

15 팔레트의 [사용자 인터페이스] → [텍스트 상자]를 [좌석_레이블] 오른쪽에 끌어다 놓는다. 컴포넌트에 추가된 [텍스트_상자1]의 이름을 "좌석"으로 바꾸고, 속성을 다음 그림과 같이 변경한다.

16 팔레트의 [레이아웃] → [수평배치]를 [좌석틀] 아래에 끌어다 놓는다. 컴포넌트에 추가된 [수평배치1]의 이름을 "수량틀"로 바꾸고, 속성을 다음 그림과 같이 변경한다.

17 팔레트의 [사용자 인터페이스] → [레이블]을 [수량틀] 안으로 끌어다 놓는다. 컴포넌트에 추가된 [레이블2]의 이름을 "수량레이블"로 바꾸고, 속성을 다음 그림과 같이 변경한다.

18 팔레트의 [사용자 인터페이스] → [스피너]를 [수량레이블] 오른쪽에 끌어다 놓는다. 컴포넌트에 추가된 [스피너1]의 이름을 "수량"으로 바꾸고, 속성을 다음 그림과 같이 변경한다.

※ 목록 문자열: 1, 2, 3, 4, 5, 6, 7, 8, 9

19 팔레트의 [레이아웃] → [수평배치]를 [수량틀] 아래에 끌어다 놓은 후 속성을 다음 그림과 같이 변경한다.

20 팔레트의 [사용자 인터페이스] → [버튼]을 [수평배치1] 안으로 끌어다 놓는다. 컴포넌트에 추가된 [버튼1]의 이름을 "예매"로 바꾸고, 속성을 다음 그림과 같이 변경한다. (배경색은 '검정색'으로 변경하면 '기본'으로 표시된다.)

21 팔레트의 [레이아웃] → [수평배치]를 [수평배치1] 아래에 끌어다 놓는다. 컴포넌트에 추가된 [수평배치2]의 이름을 "분홍선"으로 바꾸고, 속성을 다음 그림과 같이 변경한다.

22 팔레트의 [레이아웃] → [수평배치]를 [분홍선] 아래에 끌어다 놓는다. 컴포넌트에 추가된 [수평배치2]의 이름을 "간격1"로 바꾸고, 속성을 다음 그림과 같이 변경한다.

23 팔레트의 [사용자 인터페이스] → [텍스트 상자]를 [간격1] 아래에 끌어다 놓는다. 컴포넌트에 추가된 [텍스트_상자1]의 이름을 "예매결과"로 바꾸고, 속성을 다음 그림과 같이 변경한다.

5. 전체 블록코딩 소스

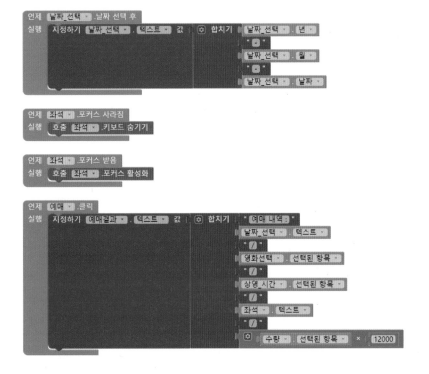

6. 블록코딩 소스 풀이

(1) 날짜 선택 블록

날짜 형식을 보기 좋게 '년-월-일' 형식으로 만들어 표시

01 [블록] → [날짜_선택] → [언제 날짜_선택▼.날짜 선택 후] 블록을 뷰어에 선택하여 놓는다. [블록] → [날짜_선택] → [지정하기 날짜_선택▼.텍스트▼ 값] 블록을 연결한다.

02 [블록] → [날짜_선택] → [지정하기 날짜_선택▼.텍스트▼ 값] 블록에 [공통 블록] → [텍스트] → [⚙합치기] 블록을 끼워 넣는다. [⚙합치기] 블록의 왼쪽 '설정 버튼(⚙)'을 클릭한 후 **'문자열'** 블록을 드래그하여 끼워 넣어 **5개**의 항목을 만든다.

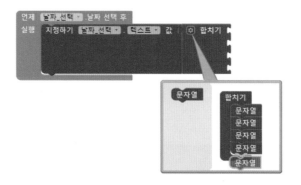

03 [⚙합치기] 블록의 첫 번째에는 [블록] → [날짜_선택] → [날짜_선택▼.년▼] 블록을 연결한다.

04 [🔧합치기] 블록의 두 번째에는 [공통 블록] → [텍스트] → ["□"] 블록을 연결하여 빈 칸에 "–"을 입력한다.

05 [🔧합치기] 블록의 세 번째에는 [블록] → [날짜_선택] → [날짜_선택▼.월▼] 블록을 연결한다.

06 [🔧합치기] 블록의 네 번째에는 [공통 블록] → [텍스트] → ["□"] 블록을 연결하여 빈 칸에 "–"을 입력한다.

07 [🔧합치기] 블록의 다섯 번째에는 [블록] → [날짜_선택] → [날짜_선택▼.날짜▼] 블록을 연결한다.

(2) 좌석 지정 블록

좌석의 텍스트 상자를 클릭하면 키보드가 나타나고, 아니면 사라짐

01 [블록] → [좌석] → [언제 좌석▼.포커스 받음] 블록에 [블록] → [좌석] → [호출 좌석▼.포커스 활성화] 블록을 연결한다.

02 [블록] → [좌석] → [언제 좌석▼.포커스 사라짐] 블록에 [블록] → [좌석] → [호출 좌석▼.키보드 숨기기] 블록을 연결한다.

(3) 예매 버튼 블록

선택한 날짜, 영화, 시간, 수량, 좌석번호가 연결되어 표시되며, 수량은 '수량×12,000'으로 표시

01 [블록] → [예매] → [언제 예매 ▼.클릭] 블록을 뷰어에 선택하여 놓는다.

02 [블록] → [예매결과] → [지정하기 예매결과▼.텍스트] 블록에 [공통 블록] → [텍스트] → [⚙합치기] 블록을 끼워 넣는다. [⚙합치기] 블록의 왼쪽 '설정 버튼(⚙)'을 클릭한 후 '**문자열**' 블록을 드래그 하여 끼워 넣어 10개의 항목을 만든다.

03 [⚙합치기] 블록의 첫 번째에는 [공통 블록] → [텍스트] → ["□"] 블록을 연결하여 빈 칸에 "예매 내역:"을 입력한다.

04 [⚙합치기] 블록의 두 번째에는 [블록] → [날짜_선택] → [날짜_선택▼.텍스트 ▼] 블록을 연결한다.

05 [⚙합치기] 블록의 세 번째에는 [공통 블록] → [텍스트] → ["□"] 블록을 연결하여 빈 칸에 "/"를 입력한다.

06 [⚙합치기] 블록의 네 번째에는 [블록] → [영화선택] → [영화선택▼.선택된 항목 ▼] 블록을 연결한다.

07 [⚙합치기] 블록의 다섯 번째에는 [공통 블록] → [텍스트] → ["□"] 블록을 연결하여 빈 칸에 "/"를 입력한다.

08 [⚙합치기] 블록의 여섯 번째에는 [블록] → [상영_시간] → [상영_시간▼.선택된 항목 ▼] 블록을 연결한다.

09 [⚙합치기] 블록의 일곱 번째에는 [공통 블록] → [텍스트] → ["□"] 블록을 연결하여 빈 칸에 "/"를 입력한다.

10 [⚙합치기] 블록의 여덟 번째에는 [블록] → [좌석] → [좌석▼.텍스트 ▼] 블록을 연결한다.

11 [⚙합치기] 블록의 아홉 번째에는 [공통 블록] → [텍스트] → ["□"] 블록을 연결하여 빈 칸에 "/"를 입력한다.

12 [⚙합치기] 블록의 열 번째에는 [공통 블록] → [수학] → [⚙□×□] 블록을 연결한다. 왼쪽 빈 칸에 [블록] → [수량] → [수량▼.선택된 항목 ▼] 블록, 오른쪽 빈 칸에는 [공통 블록] → [수학] → [0] 블록을 연결하여 넣고 "**12000**"을 입력한다.

7. 스마트폰 앱 설치

<u>01</u> 앱 인벤터 화면의 상단 메뉴 중 [빌드▼] → [앱(.apk 용 QR 코드 제공)]을 클릭한다.

<u>02</u> 화면에 QR 코드가 나타나면, 스마트폰의 QR 코드 인식 애플리케이션을 이용하여 해당 코드를 찍는다.

<u>03</u> QR코드 인식으로 작성된 앱을 다운받아 스마트폰에 설치한다.

 **SECTION 4**

연습 문제

1. **세 과목의 입력값과 변수를 이용하여 아래의 출력형태와 같은 앱을 만들어 봅시다.**

> 국어, 영어, 수학의 입력값과 변수를 이용하여 합계와 평균이 출력되도록 아래의 출력 형태를 참조한다.

※ 디자인은 출력형태를 토대로 자유롭게 설계한다.

- 프로젝트명: score

컴포넌트	속성 및 조건
레이블	제목, 합계 레이블과 합계, 평균 레이블과 평균 등 완성 앱을 참조하여 자유롭게 설정
수평배치	선, 간격, 1개 이상의 컴포넌트 배치에 사용
텍스트 상자	국어, 영어, 수학 값 입력
버튼	세 과목의 점수를 입력받아 합계와 평균을 계산할 때

2. **캔버스를 이용하여 아래의 출력형태와 같은 앱을 만들어 봅시다.**

> 캔버스에 C 버튼을 누르면 빨강색으로 선이나 페인트 색이 변경되고, Size 버튼을 누르면 선 두께가 굵게 원은 크게 그려지도록 한다.

※ 디자인은 출력형태를 토대로 자유롭게 설계한다.

- 프로젝트명: paint

컴포넌트	속성 및 조건
버튼	T(그림 그리기 글자 입력), size(선 두께), 도형(원 그리기), Del(모두 지우기, 채우기 색은 빨강, 선 두께는 1로 지정)
수평배치	선, 간격, 1개 이상의 컴포넌트 배치에 사용
캔버스	선, 텍스트, 원을 그리는 영역

3. **6개의 공으로 랜덤하게 입력값과 변수를 이용하여 아래의 출력형태와 같은 앱을 만들어 봅시다.**

> 로또 게임을 만들어 1-45 숫자 중 6개를 랜덤하게 뽑아 숫자와 텍스트가 출력되도록 아래의 출력 형태를 참조한다.

※ 디자인은 출력형태를 토대로 자유롭게 설계한다.

- 프로젝트명: Lotto

컴포넌트	속성 및 조건
레이블	제목, 로또 결과, 축하 메시지 등 완성 앱을 참조하여 자유롭게 설정
수평배치	선, 간격, 1개 이상의 컴포넌트 배치에 사용
텍스트 상자	화면에 표시될 그림 삽입
버튼	45개의 숫자 중에서 6개 숫자를 출력할 때

CHAPTER 7 함수 및 반복문

CHAPTER 7에서는 함수와 반복문을 활용한 체질량 지수 계산 앱과 사진 찍기 앱을 만들어보도록 한다. 함수란 무엇이며, 반복문의 종류와 특징을 알아본다.

함수 및 반복문 익히기

학습목표

1. 함수의 개념을 알 수 있고, 활용할 수 있다.
2. 함수 블록을 이해하고 적용할 수 있다.
3. 반복문이 무엇인지 알 수 알고 사용할 수 있다.
4. 반복문에 사용되는 블록들을 제대로 사용할 수 있다.

1. 함수

(1) 함수의 정의

프로그램에서 함수란 특정한 기능을 수행하는 명령의 집합이라고 할 수 있다. 함수를 만드는 이유는 함수를 호출하여 함수에 사용된 블록을 재 사용할 수 있어 블록의 복잡도를 감소시켜 줄 수 있기 때문이다.

(2) 함수 블록

앱 인벤터에서 함수 블록은 [공통 블록] → [함수]에서 설정할 수 있다.

01 [공통 블록] → [함수] → [함수 함수 이름] 블록을 뷰어로 끌어다 놓는다.

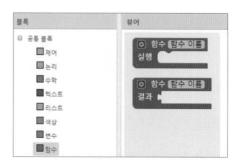

02 함수 이름에 "f"를 지정한 후 매개 변수가 필요하면 블록의
　　⚙ 버튼을 클릭한다.

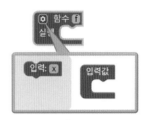

03 입력값 블록에 입력 블록을 끼워 넣는다. 필요한 매개변수만큼 추가한 후 이름을 설정한다.

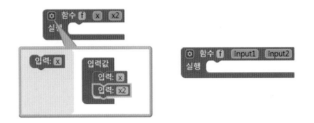

※ 함수를 정의하면 함수를 불러서 사용할 수 있도록 호출 블록이 생성된다.

2. 반복문

(1) 반복문의 정의

반복문이란 지정한 문장을 여러 번 반복적으로 수행하는 것으로, for each 문(각각 반복 숫자 시작, 각각 반복 항목 리스트), while 문(~ 하는 동안 검사)이 있다.

(2) 앱 인벤터의 반복문 블록

[제어] 블록의 [각각 반복 숫자 시작 끝 간격] 블록과 [각각 반복 항목 리스트], [~하는 동안 검사] 블록이 반복문에 사용되는 블록들이다.

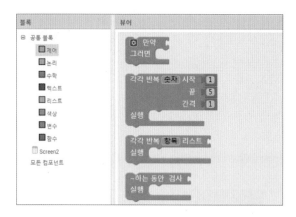

01 [공통 블록] → [제어] → [각각 반복 숫자] 블록을 뷰어에 끌어다 놓는다. 이름을 "num"으로 변경한다.

02 시작에 "1", 끝에 "45", 간격을 "1"로 지정하면 1부터 45까지 45번 실행을 반복하라는 의미이다.

SECTION 2

체질량 지수 계산 프로젝트

학습목표

1. 함수를 이용하여 몸무게 계산을 수행할 수 있다.
2. 함수 블록을 이해하고 프로젝트에 적용할 수 있다.
3. 계산한 결과를 화면에 출력할 수 있다.

프로젝트 이름: BMI

이번 SECTION에서는 체질량 지수 앱을 만들어 본다. 몸무게를 키의 제곱으로 나눈 수를 체질량 지수(BMI)라고 한다. BMI를 구하여, BMI가 20 미만일 경우, 저체중으로 판별하고, 20~25는 정상, 25~30은 과체중 30 이상은 비만으로 판별해보자. 키(M)를 입력할 때에는 반드시 미터 단위로 환산하여 입력한다. (예시: 165 → 1.65)

1. 프로젝트 이해하기

프로젝트 개요	1. 함수 활용 2. 논리 블록 활용 3. 키와 몸무게 입력을 통한 체질량 지수 계산 코딩하기
사용하는 프로그래밍 요소	1. 함수: 체질량을 계산하기 위해 함수를 통해 필요 블록을 코딩한다. 2. 키와 몸무게를 입력받고 계산 버튼을 클릭하면 체질량이 자동으로 계산된다. 3. 초기화 클릭시 체질량 계산 및 입력했던 내용을 초기화 할 수 있다.

2. 완성 앱 미리 보기

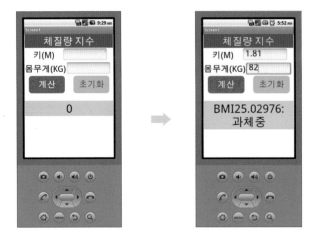

3. 디자인 설계

4. 컴포넌트 설계

BMI 앱을 만들기 위해 필요한 컴포넌트와 속성은 다음 표를 참고한다.

컴포넌트	이름 수정	속성
레이블	제목	배경색: 파랑, 글꼴 크기: 35, 너비: 부모에 맞추기, 텍스트: 체질량 지수, 텍스트 정렬: 가운데
수평배치	수평배치1	높이: 10 percent, 너비: 부모에 맞추기
레이블	키	글꼴 크기: 28, 너비: 42 percent, 텍스트: 키(M), 텍스트 정렬: 가운데
텍스트	키 입력	글꼴 크기: 30, 힌트: (공백)
수평배치	수평배치2	높이: 10 percent, 너비: 부모에 맞추기
레이블	몸무게	글꼴 크기: 28, 텍스트: 몸무게(KG), 텍스트 정렬: 가운데
텍스트	몸무게 입력	글꼴 크기: 30, 힌트: (공백)
수평배치	수평배치3	수평 정렬: 중앙, 너비: 부모에 맞추기
버튼	계산	배경색: 빨강, 글꼴 굵게: 체크, 글꼴 크기: 30, 너비: 40 percent, 모양: 둥근 모서리, 텍스트: 계산, 텍스트 색상: 흰색
수평배치	수평배치4	높이: 부모에 맞추기, 너비: 10 percent
버튼	초기화	배경색: 초록, 글꼴 굵게: 체크, 글꼴 크기: 30, 너비: 40 percent, 모양: 둥근 모서리, 텍스트: 초기화, 텍스트 색상: 파랑
수평배치	수평배치5	배경색: 없음, 높이: 5 percent
레이블	결과	배경색: 청록색, 글꼴 크기: 40, 너비: 부모에 맞추기, 텍스트: 0, 텍스트 정렬: 가운데

`01` 상단 메뉴의 [새 프로젝트 시작하기] 또는 [프로젝트▼] → [새 프로젝트 시작하기]를 클릭하여 프로젝트 이름에 "BMI"를 입력한 후 [확인] 버튼을 누른다.

02 팔레트의 [사용자 인터페이스] → [레이블]을 뷰어에 끌어다 놓는다. 컴포넌트에 추가된 [레이블1]의 이름을 "제목"으로 바꾸고, 다음 그림에 표시된 속성을 모두 찾아 변경한다.

03 팔레트의 [레이아웃] → [수평배치]를 [레이블1] 아래에 끌어다 놓은 후 속성을 다음 그림과 같이 변경한다.

04 팔레트의 [사용자 인터페이스] → [레이블]을 [수평배치1] 안으로 끌어다 놓는다. 컴포넌트에 추가된 [버튼1]의 이름을 "키"로 바꾸고, 속성을 다음 그림과 같이 변경한다.

05 팔레트의 [사용자 인터페이스] → [텍스트 상자]를 레이블 [키] 오른쪽에 끌어다 놓는다. 컴포넌트에 추가된 [텍스트_상자1]의 이름을 "키 입력"으로 바꾸고, 속성을 다음 그림과 같이 변경한다.

06 팔레트의 [레이아웃] → [수평배치]를 [수평배치1] 아래에 끌어다 놓은 후 속성을 다음 그림과 같이 변경한다.

07 팔레트의 [사용자 인터페이스] → [레이블]을 [수평배치2] 안으로 끌어다 놓는다. 컴포넌트에 추가된 [레이블1]의 이름을 "몸무게"로 바꾸고, 속성을 다음 그림과 같이 변경한다.

08 팔레트의 [사용자 인터페이스] → [텍스트 상자]를 레이블 [몸무게] 오른쪽에 끌어다 놓는다. 컴포넌트에 추가된 [텍스트_상자1]의 이름을 "몸무게 입력"으로 바꾸고, 속성을 다음 그림과 같이 변경한다.

09 팔레트의 [레이아웃] → [수평배치]를 [수평배치2] 아래에 끌어다 놓은 후 속성을 다음 그림과 같이 변경한다.

⑩ 팔레트의 [사용자 인터페이스] → [버튼]을 [수평배치3] 안에 끌어다 놓는다. 컴포넌트에 추가된 [버튼1]의 이름을 "계산"으로 바꾸고, 다음 그림에 표시된 속성을 모두 찾아 변경한다.

⑪ 팔레트의 [레이아웃] → [수평배치]를 [계산] 오른쪽에 끌어다 놓은 후 속성을 다음 그림과 같이 변경한다.

12 팔레트의 [사용자 인터페이스] → [버튼]을 [수평배치4] 오른쪽에 끌어다 놓는다. 컴포넌트에 추가된 [버튼1]의 이름을 "초기화"로 바꾸고, 다음 그림에 표시된 속성을 모두 찾아 변경한다.

13 팔레트의 [레이아웃] → [수평배치]를 [수평배치3] 아래에 끌어다 놓은 후 속성을 다음 그림과 같이 변경한다.

14 팔레트의 [사용자 인터페이스] → [레이블]을 [수평배치5] 아래에 끌어다 놓는다. 컴포넌
트에 추가된 [레이블1]의 이름을 "결과"로 바꾸고, 속성을 다음 그림과 같이 변경한다.

5. 전체 블록코딩 소스

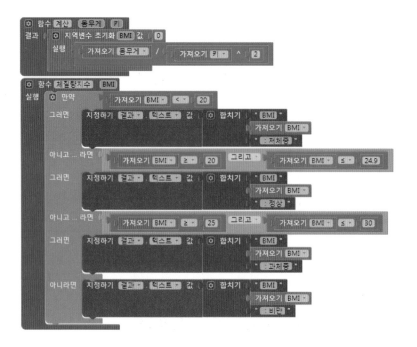

6. 블록코딩 소스 풀이

■ 제어	■ 논리	■ 수학	■ 텍스트	■ 리스트	■ 색상
■ 변수	■ 함수	■ 컴포넌트 속성			

(1) 함수 결과 블록

　BMI 값을 구하는 함수를 만드는 부분

01　함수 블록을 선언한 후 BMI 값을 구하는 공식을 설정한다.

- [공통 블록] → [함수] → [⚙함수 함수_이름 결과] 블록을 클릭하여 뷰어에 놓은 후 함수 이름에 "계산"을 입력한다.
- 함수 블록의 좌측 상단에 있는 설정(⚙) 버튼을 클릭하면 팝업창이 열린다. 매개 변수를 지정할 수 있도록 입력:X 블록을 선택하여 입력값 블록에 끼워 넣는다. 매개 변수로 몸무게와 키가 필요하므로 입력을 두 개 추가한다. 매개 변수 이름을 몸무게와 키로 변경한다.

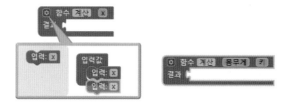

02 [공통 블록] → [변수] → [⚙지역변수 초기화 변수_이름 값] 블록을 선택하여 함수 블록에 끼어 넣은 후 변수 이름에 "BMI"를 입력한다.

03 [공통 블록] → [수학] → [0] 블록을 [⚙지역변수 초기화 BMI 값] 블록 오른쪽에 연결한다.

04 [공통 블록] → [수학] → [□/□] 블록을 [지역변수 초기화 BMI 값] 블록 안쪽에 연결한다.

05 나눗셈 블록의 왼쪽에 [공통 블록] → [⚙변수] → [가져오기 ▼] 블록을 끼워 넣은 후 변수 이름에 '몸무게'를 선택한다. 오른쪽에는 [공통 블록] → [수학] → [□^□] 블록(**제곱 블록**)을 끼워 넣는다.

06 제곱 블록의 왼쪽에 [공통 블록] → [변수] → [가져오기 ▼] 블록을 끼워 넣은 후 변수 이름에 '키'를 선택한다. 오른쪽에는 [공통 블록] → [수학] → [0] 블록을 끼워 넣고, "2"를 입력한다. 역시 [가져오기 ▼] 블록을 끼워 넣은 후 변수 이름에 '키'를 선택한다.

(2) 함수 실행 블록

BMI 값을 이용하여 **비만도**를 구하는 함수

```
⚙ 함수 체질량지수  BMI
실행  ⚙ 만약        가져오기 BMI ▼  < ▼  20
      그러면   지정하기 결과 ▼ . 텍스트 ▼ 값  ⚙ 합치기   " BMI "
                                                   가져오기 BMI ▼
                                                   " : 저체중 "
      아니고 ... 라면   가져오기 BMI ▼  ≥ ▼  20   그리고 ▼   가져오기 BMI ▼  ≤ ▼  24.9
      그러면   지정하기 결과 ▼ . 텍스트 ▼ 값  ⚙ 합치기   " BMI "
                                                   가져오기 BMI ▼
                                                   " : 정상 "
      아니고 ... 라면   가져오기 BMI ▼  ≥ ▼  25   그리고 ▼   가져오기 BMI ▼  ≤ ▼  30
      그러면   지정하기 결과 ▼ . 텍스트 ▼ 값  ⚙ 합치기   " BMI "
                                                   가져오기 BMI ▼
                                                   " : 과체중 "
      아니라면   지정하기 결과 ▼ . 텍스트 ▼ 값  ⚙ 합치기   " BMI "
                                                   가져오기 BMI ▼
                                                   " : 비만 "
```

01 [공통 블록] → [함수] → [⚙함수 함수_이름 실행] 블록을 클릭하여 뷰어에 놓은 후 함수 이름에 "체질량지수"를 입력한다.

- 함수 블록의 좌측 상단에 있는 설정(⚙) 버튼을 클릭하면 팝업창이 열린다. 매개 변수를 지정할 수 있도록 입력:X 블록을 선택하여 입력값 블록에 끼워 넣은 후 변수 이름에 "BMI"를 입력한다.

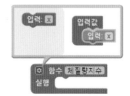

02 [공통 블록] → [제어] → [⚙만약 그러면] 블록을 클릭
하여 '체질량지수' 함수 블록에 끼워 넣는다.

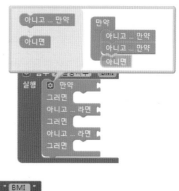

- [⚙만약 그러면] 블록의 ⚙ 버튼을 클릭하여 [아니
고...만약에] 블록 2개를 [만약] 블록 안에 추가하고,
마지막으로 [아니면] 블록을 끼워 넣는다.

03 **조건**인 '만약'의 오른쪽에 [공통 블록] → [수학] → [□=▾□] 블록을 연결하고, 화살표▾를
클릭하여 부등호 '<'로 변경한다.

- 왼쪽에 [공통 블록] → [변수] → [가져오기 ▾] 블록을 끼워 넣은 후 변수 이름에 'BMI'
를 선택하고, 오른쪽에는 [공통 블록] → [수학] → [0] 블록을 끼워 넣은 후 빈 칸에
"**20**"을 입력한다.

04 [블록] → [결과]의 [지정하기 결과▾. 텍스트▾ 값] 블록을 **첫 번째** '그러면'의 오른쪽에 끼워
넣는다.

- [공통 블록] → [텍스트]의 [합치기] 블록을 [지정하기 결과▾.
텍스트▾ 값] 블록에 연결한다.

- 합치기 블록의 문자열을 추가하기 위해 ⚙ 버튼을 클릭하여
문자열 블록을 합치기 블록 안으로 끼워 넣는다.

- [공통 블록] → [텍스트] → ["□"] 블록을 선택하여 합치기 블
록의 첫 번째에 끼워 넣는다. 빈 칸에는 "BMI "를 입력한다.

- [공통 블록] → [변수] → [가져오기 ▾] 블록을 합치기 블록의 두 번째에 끼워 넣은 후
변수 이름에 'BMI'를 선택한다.

- [공통 블록] → [텍스트] → ["□"] 블록을 선택하여 합치기 블록의 첫 번째에 끼워 넣는
다. 빈 칸에는 " : **저체중**"을 입력한다.

05 조건인 **첫 번째** '아니고...라면'에는 [공통 블록] → [논리] → [□ 그리고 ▾ □] 블록을 연결한다.

- 그리고 **블록의 왼쪽**에 [공통 블록] → [수학]의 [□=▾□] 블록을 연결하고, 화살표▾를

클릭하여 부등호 '≥'로 변경한다.

- [□≥▼□] 블록의 왼쪽에 [공통 블록] → [변수] → [가져오기 ▼] 블록을 끼워 넣은 후 변수 이름에 'BMI'를 선택한다. 오른쪽에는 [공통 블록] → [수학] → [0] 블록을 끼워 넣은 후 빈 칸에 "**20**"을 입력한다.
- [그리고] **블록의 오른쪽**에 [공통 블록] → [수학] → [□=▼□] 블록을 연결하고, 화살표 ▼를 클릭하여 부등호 '≤'로 변경한다.
- [□≤▼□] 블록의 왼쪽에 [공통 블록] → [변수] → [가져오기 ▼] 블록을 끼워 넣은 후 변수 이름에 'BMI'를 선택한다. 오른쪽에는 [공통 블록] → [수학]의 [0] 블록을 끼워 넣은 후 빈 칸에 "**24.9**"를 입력한다.

06 [블록] → [결과] → [지정하기 결과▼.텍스트▼ 값] 블록을 **두 번째** '그러면'의 오른쪽에 끼워 넣는다.

- [공통 블록] → [텍스트]의 [합치기] 블록을 [지정하기 결과▼.텍스트▼ 값] 블록에 연결한다.
- 합치기 블록의 문자열을 추가하기 위해 🔧 버튼을 클릭하여 문자열 블록을 합치기 블록 안으로 끼워 넣는다.
- [공통 블록] → [텍스트] → ["□"] 블록을 선택하여 합치기 블록의 첫 번째에 끼워 넣는다. 빈 칸에는 "**BMI** "를 입력한다.
- [공통 블록] → [변수] → [가져오기 ▼] 블록을 합치기 블록의 두 번째에 끼워 넣은 후 변수 이름에 'BMI'를 선택한다.
- [공통 블록] → [텍스트] → ["□"] 블록을 선택하여 합치기 블록의 첫 번째에 끼워 넣는다. 빈 칸에는 " : **정상**"을 입력한다.

07 조건인 **두 번째** '아니고...라면'에는 [공통 블록] → [논리] → [□ 그리고 ▼ □] 블록을 연결한다.

- [그리고] **블록의 왼쪽**에 [공통 블록] → [수학] → [□=▼□] 블록을 연결하고, 화살표 ▼를 클릭하여 부등호 '≥'로 변경한다.
- [□≥▼□] 블록의 왼쪽에 [공통 블록] → [변수] → [가져오기 ▼] 블록을 끼워 넣은 후 변수 이름에 'BMI'를 선택한다. 오른쪽에는 [공통 블록] → [수학] → [0] 블록을 끼워 넣은 후 빈 칸에 "**25**"를 입력한다.

- [그리고] **블록의 오른쪽**에 [공통 블록] → [수학] → [□=▼□] 블록을 연결하고, 화살표 ▼를 클릭하여 부등호 '≤'로 변경한다.
- [□≤▼□] 블록의 왼쪽에 [공통 블록] → [변수] → [가져오기　▼] 블록을 끼워 넣은 후 변수 이름에 'BMI'를 선택한다. 오른쪽에는 [공통 블록] → [수학] → [0] 블록을 끼워 넣은 후 빈 칸에 "**30**"을 입력한다.

08 [블록] → [결과] → [지정하기 결과▼.텍스트▼ 값] 블록을 **세 번째** '그러면'의 오른쪽에 끼워 넣는다.

- [공통 블록] → [텍스트]의 [합치기] 블록을 [지정하기 결과▼.텍스트▼ 값] 블록에 연결한다.
- 합치기 블록의 문자열을 추가하기 위해 ⚙ 버튼을 클릭하여 문자열 블록을 합치기 블록 안으로 끼워 넣는다.
- [공통 블록] → [텍스트] → ["□"] 블록을 선택하여 합치기 블록의 첫 번째에 끼워 넣는다. 빈 칸에는 "**BMI** "를 입력한다.
- [공통 블록] → [변수] → [가져오기　▼] 블록을 합치기 블록의 두 번째에 끼워 넣은 후 변수 이름에 'BMI'를 선택한다.
- [공통 블록] → [텍스트] → ["□"] 블록을 선택하여 합치기 블록의 첫 번째에 끼워 넣는다. 빈 칸에는 " : **과체중**"을 입력한다.

09 [블록] → [결과] → [지정하기 결과▼.텍스트▼ 값] 블록을 **마지막** '아니라면'의 오른쪽에 끼워 넣는다.

- [공통 블록] → [텍스트]의 [합치기] 블록을 [지정하기 결과▼.텍스트▼ 값] 블록에 연결한다.
- 합치기 블록의 문자열을 추가하기 위해 ⚙ 버튼을 클릭하여 문자열 블록을 합치기 블록 안으로 끼워 넣는다.
- [공통 블록] → [텍스트] → ["□"] 블록을 선택하여 합치기 블록의 첫 번째에 끼워 넣는다. 빈 칸에는 "**BMI** "를 입력한다.
- [공통 블록] → [변수] → [가져오기　▼] 블록을 합치기 블록의 두 번째에 끼워 넣은 후 변수 이름에 'BMI'를 선택한다.

- [공통 블록] → [텍스트] → ["□"] 블록을 선택하여 합치기 블록의 첫 번째에 끼워 넣는다. 빈 칸에는 " : **비만**"을 입력한다.

(3) 계산 버튼 블록

계산 함수와 체질량지수 함수를 호출

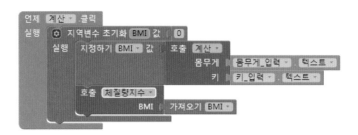

01 [블록] → [계산] → [언제 계산 ▾.클릭] 블록을 클릭하여 뷰어에 놓는다.

02 [공통 블록] → [변수] → [✿지역변수 초기화 변수_이름 값] 블록을 선택하여 앞서 추가한 블록에 끼워 넣은 후 변수 이름에 "BMI"를 입력한다. 곧이어 오른쪽에 [공통 블록] → [수학] → [0] 블록을 연결한다.

03 [공통 블록] → [변수] → [지정하기 ▾값] 블록을 [✿지역변수 초기화 BMI 값] 블록 안에 끼워 넣는다.

- [지정하기 BMI ▾값] 블록의 오른쪽에 [공통 블록] → [함수] → [호출 계산 ▾] 블록을 연결한다.
- [호출 계산 ▾] 블록의 몸무게 오른쪽에 [블록] → [몸무게_입력] → [몸무게_입력 ▾.텍스트 ▾] 블록을 연결한다.
- [호출 계산 ▾] 블록의 키 오른쪽에 [블록] → [몸무게_입력] → [키_입력 ▾.텍스트 ▾] 블록을 연결한다.

04 [지정하기 BMI ▾값] 블록의 바로 아래에 [공통 블록] → [함수] → [호출 체질량지수 ▾] 블록을 연결한다.

- [호출 체질량지수 ▾] 블록의 BMI 오른쪽에 [공통 블록] → [변수] → [가져오기 ▾] 블록을 연결한 후 'BMI'를 선택한다.

(4) 초기화 버튼 블록

모든 텍스트 상자의 값을 지움

01 [블록] → [초기화] → [언제 초기화▼.클릭] 블록을 클릭하여 뷰어에 놓는다.

02 [블록] → [몸무게_입력] → [지정하기 몸무게_입력▼.텍스트▼ 값] 블록을 앞서 추가한 블록
에 끼워 넣는다. 곧이어 바로 오른쪽에 [공통 블록] → [텍스트] → ["□"] 블록을 연결한다.

03 [블록] → [키_입력] → [지정하기 키_입력▼.텍스트▼ 값] 블록을 앞서 추가한 블록에 끼워
넣는다. 곧이어 바로 오른쪽에 [공통 블록] → [텍스트] → ["□"] 블록을 연결한다.

04 [블록] → [결과] → [지정하기 결과▼.텍스트▼ 값] 블록을 앞서 추가한 블록에 끼워 넣는
다. 곧이어 바로 오른쪽에 [공통 블록] → [텍스트] → ["□"] 블록을 연결한다.

7. 스마트폰 앱 설치

01 앱 인벤터 화면의 상단 메뉴 중 [빌드▼] → [앱(.apk 용 QR 코드 제공)]을 클릭한다.

02 화면에 QR 코드가 나타나면, 스마트폰의 QR 코드 인식 애플리케이션을 이용하여 해당
코드를 찍는다.

03 QR코드 인식으로 작성된 앱을 다운받아 스마트폰에 설치한다.

사진 찍기 프로젝트

학습목표

1. 카메라 컴포넌트를 활용할 수 있다.
2. List에 촬영된 사진을 저장할 수 있다.
3. List에 저장된 사진을 반복문과 조건문을 이용하여 검색할 수 있다.
4. 스피너를 연결하여 List에서 사진을 불러올 수 있다.

프로젝트 이름: camera_02

이번 SECTION에서는 사진 찍기 앱을 만들어 본다. 카메라 컴포넌트를 이용하여 사진을 촬영하고 List에 저장한다. 스피너 컴포넌트에서 선택한 번호에 따라 해당 데이터를 List에서 찾아 화면에 표시하고, 삭제 버튼을 이용하여 List에 저장된 데이터를 삭제할 수 있도록 한다.

1. 프로젝트 설계

알고리즘	1. List 생성하기 2. 카메라 컴포넌트 연결하기 3. List에서 스피너로 선택한 색인의 사진을 화면에 표시 4. List에 저장된 데이터 삭제하기
프로그래밍 요소	1. 전역 변수 : List 저장 위치 2. List : 카메라로 촬영한 사진 저장 3. 반복문, 조건문 : List의 데이터 검색 4. List에서 데이터 검색 및 삭제 알림 메시지 표시

2. 완성 앱 미리 보기

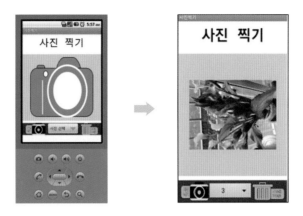

3. 디자인 설계

- **미디어 파일 올리기**

  [컴포넌트] → [미디어] → [파일 올리기] → [이미지 선택]을 클릭하여 해당 이미지 파일을
  한 개씩 업로드 한다(bin.png, camera.png, camera2.png, 여러 개의 미디어 파일을 한 번
  에 업로드할 수 없다).

4. 컴포넌트 설계

camera_02 앱을 만들기 위해 필요한 컴포넌트와 속성은 다음 표를 참고한다.

컴포넌트	이름 수정	속성
Screen1	–	수평 정렬: 중앙, 제목: 사진 찍기
단추	제목	글꼴 크기: 40, 텍스트: 사진 찍기
수평배치	간격1	높이: 2 percent
수평배치	이미지틀1	수평 정렬: 중앙, 수직 정렬: 가운데, 높이: 55 percent, 너비: 부모에 맞추기
이미지	큰이미지	높이: 50 percent, 너비: 80 percent, 사진 크기 맞추기 선택, 사진: camera2.png,
수평배치	간격2	높이: 2 percent
수평배치	버튼틀	수평 정렬: 중앙, 수직 정렬: 가운데, 배경색: 어두운 회색 높이: 10 percent, 너비: 부모에 맞추기
버튼	촬영	높이: 50 pixels, 너비: 80 pixels, 이미지: camera.png,
수평배치	표시틀	수평 정렬: 중앙, 수직 정렬: 가운데, 배경색: 어두운 회색 높이: 10 percent, 너비: 45 percent
스피너	스피너1	목록 문자열: 사진 선택, 1,2,3,4,5
버튼	삭제	높이: 50 pixels, 너비: 22 percent, 이미지: bin.png
카메라	카메라1	–
알림	알림1	–

01 상단 메뉴의 [새 프로젝트 시작하기] 또는 [프로젝트 ▼] → [새 프로젝트 시작하기]를 클릭하여 프로젝트 이름에 "camera_02"를 입력하고 [확인] 버튼을 누른다.

02 디자이너 화면이 표시되면 [Screen1]의 속성을 다음과 같이 변경한다.

03 팔레트의 [사용자 인터페이스] → [버튼]을 선택하여 뷰어에 끌어다 놓는다. 컴포넌트에 추가된 [버튼]의 이름을 "제목"으로 바꾸고, 속성을 다음 그림과 같이 변경한다.

04 팔레트의 [레이아웃] → [수평배치]를 선택하여 [제목] 아래에 끌어다 놓는다. 컴포넌트에 추가된 [수평배치]의 이름을 "간격1"로 바꾸고, 속성을 다음 그림과 같이 변경한다.

05 팔레트의 [레이아웃] → [수평배치]를 선택하여 [간격1] 아래에 끌어다 놓는다. 컴포넌트에 추가된 [수평배치]의 이름을 "이미지틀1"로 바꾸고, 속성을 다음 그림과 같이 변경한다.

06 팔레트의 [사용자 인터페이스] → [이미지]를 선택하여 [이미지틀1] 안에 끌어다 놓는다. 컴포넌트에 추가된 [이미지]의 이름을 "큰이미지"로 바꾸고, 속성을 다음 그림과 같이 변경한다.

07 팔레트의 [레이아웃] → [수평배치]를 선택하여 [이미지틀1] 아래에 끌어다 놓는다. 컴포넌트에 추가된 [수평배치]의 이름을 "간격2"로 바꾸고, 속성을 다음 그림과 같이 변경한다.

08 팔레트의 [레이아웃] → [수평배치]를 선택하여 [간격2] 아래에 끌어다 놓는다. 컴포넌트에 추가된 [수평배치]의 이름을 "버튼틀"로 바꾸고, 속성을 다음 그림과 같이 변경한다.

09 팔레트의 [사용자 인터페이스] → [버튼]을 선택하여 [버튼틀] 안에 끌어다 놓는다. 컴포넌트에 추가된 [버튼]의 이름을 "촬영"으로 바꾸고, 속성을 다음 그림과 같이 변경한다.

10 팔레트의 [레이아웃] → [수평배치]를 선택하여 [촬영]의 오른쪽에 끌어다 놓는다. 컴포넌트에 추가된 [수평배치]의 이름을 "표시틀"로 바꾸고, 속성을 다음 그림과 같이 변경한다.

11 팔레트의 [사용자 인터페이스] → [스피너]를 선택하여 [표시틀] 안에 끌어다 놓는다. 컴포넌트에 추가된 [스피너1]의 속성을 다음 그림과 같이 변경한다.

⓬ 팔레트의 [레이아웃] → [수평배치]를 선택하여 뷰어에 끌어다 놓는다. 컴포넌트에 추가
된 [수평배치]의 이름을 "날짜틀"로 바꾸고, 속성을 다음 그림과 같이 변경한다.

⓭ 팔레트의 [미디어] → [카메라]를 선택하여 뷰어에 끌어다 놓는다.

14 팔레트의 [사용자 인터페이스] → [알림]를 선택하여 뷰어에 끌어다 놓는다..

5. 전체 블록코딩 소스

전역변수 초기화 n 값 1

전역변수 초기화 이미지방 값 빈 리스트 만들기

언제 촬영 .클릭
실행 호출 카메라1 .사진 찍기

언제 카메라1 .사진 찍은 후
이미지
실행 리스트에 항목 추가하기 리스트 가져오기 global 이미지방
item 가져오기 이미지

언제 스피너1 .선택 후
선택
실행 각각 반복 숫자 시작 1
끝 리스트 길이 리스트 가져오기 global 이미지방
간격 1
실행 만약 가져오기 선택 = 가져오기 숫자 그리고 리스트 길이 리스트 가져오기 global 이미지방 ≥ 가져오기 선택
그러면 지정하기 큰이미지 .사진 값 리스트에서 항목 선택하기 리스트 가져오기 global 이미지방
위치 가져오기 숫자
만약 리스트 길이 리스트 가져오기 global 이미지방 < 가져오기 선택
그러면 호출 알림1 .메시지창 나타내기
메시지 "이미지가 없습니다."
제목 "이미지 선택"
버튼 텍스트 "확인"
지정하기 큰이미지 .사진 값 "camera2.png"

언제 삭제 .클릭
실행 지정하기 큰이미지 .사진 값 "camera2.png"
만약 리스트가 비어있나요? 리스트 가져오기 global 이미지방
그러면 호출 알림1 .메시지창 나타내기
메시지 "저장된 이미지가 없습니다."
제목 "이미지 삭제"
버튼 텍스트 "확인"
아니라면 각각 반복 숫자 시작 가져오기 global n
끝 리스트 길이 리스트 가져오기 global 이미지방
간격 1
실행 리스트에서 항목 삭제하기 리스트 가져오기 global 이미지방
위치 가져오기 global n
호출 알림1 .메시지창 나타내기
메시지 "이미지가 삭제되었습니다."
제목 "이미지 삭제"
버튼 텍스트 "확인"

6. 블록코딩 소스 풀이

(1) 변수 초기화

전역변수 n, 전역변수 이미지방

전역변수 초기화 n 값 1

전역변수 초기화 이미지방 값 🔧 빈 리스트 만들기

전역변수 n은 List에서 데이터를 검색할 때 사용되는 변수이며, 전역변수 이미지방은 카메라로 촬영한 사진을 저장하기 위한 변수다.

01 [공통 블록] → [변수] → [전역 변수 초기화 변수_이름 값] 블록을 선택하여 뷰어에 끌어다 놓고, 변수 이름에 "**n**"을 입력한 후 [공통 블록] → [수학] → [0] 블록에 "1"을 입력하여 끼 워 넣는다.

02 [공통 블록] → [변수] → [전역 변수 초기화 변수_이름 값] 블록을 선택하여 뷰어에 끌어다 놓고, 변수 이름에 "**이미지방**"을 입력한 후 [공통 블록] → [리스트] → [🔧 빈 리스트 만들 기]를 끼워 넣는다.

(2) 카메라로 사진 촬영 후 사진 저장하기

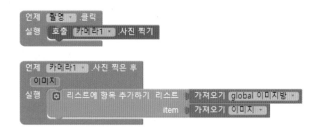

01 [블록] → [촬영] → [언제 촬영▼.클릭] 블록을 선택하여 뷰어에 끌어다 놓고, [블록] → [카메라1] → [호출 카메라1▼. 사진 찍기] 블록을 끼워 넣는다.

02 [블록] → [카메라1] → [언제 카메라1▼.사진 찍은 후] 블록을 선택하여 뷰어에 끌어다 놓 고, [공통 블록] → [리스트] → [🔧 리스트에 항목 추가하기] 블록을 연결한다. 리스트에는 [공통 블록] → [변수] → [가져오기 global 이미지방▼], item에는 [언제 카메라1▼.사진 찍은 후] 블록의 이미지에 마우스 포인터를 가져다 대면 나오는 [가져오기 이미지▼] 블록을 선 택하여 끼워 넣는다.

(3) 스피너로 선택한 번호를 이용하여 List에서 사진 가져와 화면에 표시하기

01 [블록] → [스피너1] → [언제 스피너1 ▾.선택 후] 블록을 선택하여 뷰어에 끌어다 놓고 다음과 같은 블록을 끼워 넣는다.

- [공통 블록] → [제어] → [각각 반복 숫자 시작] 블록의 끝부분에 [공통 블록] → [리스트] → [리스트 길이 리스트] 블록을 연결한 후 [공통 블록] → [변수] → [가져오기 global 이미지방 ▾] 블록을 끼워 넣는다.
- [각각 반복 숫자 시작] 블록의 실행부분에는 다음과 같은 블록을 끼워 넣는다.
- [공통 블록] → [제어] → [⚙ 만일 그러면] 블록을 끼워 넣고, 만약에는 [공통 블록] → [논리] → [□ 그리고 ▾ □] 블록을 끼워 넣는다.
- [□ 그리고 ▾ □] 블록의 첫 번째 부분에는 [공통 블록] → [수학] → [□= ▾ □], [언제 스피너1 ▾.선택 후] 블록의 선택에서 마우스 포인터를 가져다 대면 나오는 [가져오기 선택 ▾], [각각 반복 숫자 시작] 블록의 숫자에서 마우스 포인터를 가져다 대면 나오는 [가져오기 숫자 ▾] 블록을 선택하여 끼워 넣는다.
- [□ 그리고 ▾ □] 블록의 두 번째 부분에는 [공통 블록] → [수학] → [□≥ ▾ □], [공통 블록] → [리스트] → [리스트 길이 리스트] 블록의 리스트에는 [공통 블록] → [변수] → [가져오기 global 이미지방 ▾], [언제 스피너1 ▾.선택 후] 블록의 [가져오기 선택 ▾] 블록을 연결하여 끼워 넣는다.
- [⚙ 만일 그러면] 블록의 그러면 부분에는 [블록] → [큰이미지] → [지정하기 큰이미지 ▾.사진 ▾ 값] 블록을 끼워 넣는다. [공통 블록] → [리스트] → [리스트에서 항목 선택하기] 블록의 리스트에는 [공통 블록] → [변수] → [가져오기 global 이미지방 ▾], 위치에는 [각각 반복 숫자] 블록의 [가져오기 숫자 ▾] 블록을 연결하여 끼워 넣는다.

- [공통 블록] → [제어] → [⚙ 만일 그러면] 블록을 끼워 넣고, 만약에는 [공통 블록] → [수학] → [□〈▼□], [공통 블록] → [변수] → [가져오기 global 이미지방▼], [언제 스피너1 ▼.선택 후] 블록의 [가져오기 선택▼] 블록을 연결하여 끼워 넣는다(저장된 이미지가 적을 때 기본 이미지 표시하기 위한 조건).

- [⚙ 만일 그러면] 블록의 그러면 부분에는 [블록] → [알림] → [호출 알림1▼.메시지창 나타내기] 블록을 연결하여 메시지 부분에는 [공통 블록] → [텍스트] → ["□"] 블록에 "이미지가 없습니다."를 입력, 제목 부분에는 [공통 블록] → [텍스트] → ["□"] 블록에 "이미지 선택"을 입력, 버튼 부분에는 [공통 블록] → [텍스트] → ["□"] 블록을 연결한 후 "확인"을 입력한다. (이미지 데이터가 없음을 알려준다).

- 위 [⚙ 만일 그러면] 블록의 그러면 부분의 두 번째 항목으로 [블록] → [큰이미지] → [지정하기 큰이미지▼.사진▼ 값] 블록에 [공통 블록] → [텍스트] → ["□"] 블록을 연결한 후 "camera2.png"를 입력한다.

(4) 삭제 클릭

리스트에 저장된 이미지 삭제

[01] [블록] → [삭제] → [언제 삭제▼.클릭] 블록을 선택하여 뷰어에 끌어다 놓고 다음과 같은 블록을 끼워 넣는다.

- [블록] → [큰이미지] → [지정하기 큰이미지▼.사진▼ 값] 블록에 [공통 블록] → [텍스트] → ["□"] 블록을 연결한 후 "camera2.png"를 입력한다.

- [공통 블록] → [제어] → [⚙ 만일 그러면] 블록의 만약에는 [공통 블록] → [리스트] → [리스트가 비어있나요?] 블록을 끼워 넣고, 리스트 부분에는 [공통 블록] → [변수] → [가져오기 global 이미지방 ▼] 블록을 끼워 넣는다.

- [⚙ 만일 그러면] 블록의 그러면 부분에는 [블록] → [알림] → [호출 알림1 ▼.메시지창 나타내기] 블록을 연결하여 메시지 부분에는 [공통 블록] → [텍스트] → ["□"] 블록에 "저장된 이미지 없습니다."를 입력, 제목 부분에는 [공통 블록] → [텍스트] → ["□"] 블록에 "이미지 삭제"을 입력, 버튼 부분에는 [공통 블록] → [텍스트] → ["□"] 블록을 연결한 후 "확인"을 입력한다(삭제할 이미지 데이터가 없음을 알려준다).

- [⚙ 만일 그러면] 블록의 ⚙를 클릭하여 아니라면 항목을 추가한다.

- 아니라면 부분에는 [공통 블록] → [제어] → [각각 반복 숫자] 블록의 끝부분에는 [공통 블록] → [리스트] → [리스트 길이] 블록을 끼워 놓고, [리스트 길이] 블록의 리스트에는 [공통 블록] → [변수] → [가져오기 global 이미지방 ▼] 블록을 끼워 넣는다.

- [각각 반복 숫자] 블록의 실행 부분에는 [공통 블록] → [리스트] → [리스트에서 항목 삭제하기] 블록을 끼워 넣고, 리스트에는 [공통 블록] → [변수] → [가져오기 global 이미지방 ▼], 위치에는 [공통 블록] → [변수] → [가져오기 global n ▼] 블록을 끼워 넣는다.

- 아니라면 부분에 [블록] → [알림] → [호출 알림1 ▼.메시지창 나타내기] 블록을 연결하여 메시지 부분에는 [공통 블록] → [텍스트] → ["□"] 블록에 "이미지가 삭제되었습니다."를 입력, 제목 부분에는 [공통 블록] → [텍스트] → ["□"] 블록에 "이미지 삭제"을 입력, 버튼 부분에는 [공통 블록] → [텍스트] → ["□"] 블록을 연결한 후 "확인"을 입력한다.

연습 문제

1. **카메라 컴포넌트를 이용하여 아래의 출력형태와 같은 앱을 만들어 봅시다.**

카메라로 촬영한 사진을 List에 저장하고 저장된 사진을 스피너 컴포넌트, 반복문, 조건문을 이용하여 화면에 표시하도록 한다.

- 프로젝트명: ch_07_ex_01

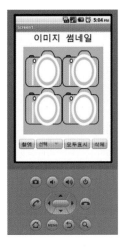

컴포넌트	속성 및 조건
레이블	제목 등 완성 앱 참조하여 자유롭게 설정
수평배치	간격, 1개 이상의 컴포넌트 배치에 사용
표 배치	2행에 2열
이미지	기본 이미지(camera3.png)
카메라	사진 촬영
스피너	선택 번호 (List의 색인 위치와 비교)
버튼	촬영, 모두 표시(List에 저장된 4개의 이미지), 삭제
알림	이미지가 없을 때 메시지 표시

2. 플레이어 컴포넌트를 이용하여 아래의 출력형태와 같은 앱을 만들어 봅시다.

> 스피너 컴포넌트에서 선택한 항목을 한번 재생되거나 반복 재생되도록 한다(반복 재생은 함수 이용).

- 프로젝트명: ch_07_ex_02

컴포넌트	속성 및 조건
레이블	제목, 음표 등 완성 앱 참조
수평배치	간격, 1개 이상의 컴포넌트 배치에 사용
플레이어	mp3 재생(mp3은 파일 임의적으로 준비)
스피너	mp3 파일 목록 표시
슬라이더	볼륨 조절(최대 100까지 설정)

3. 체크 상자 컴포넌트를 이용하여 아래의 출력형태와 같은 앱을 만들어 봅시다.

> 체크 상자를 선택한 후 투표하기 버튼을 클릭하면 투표 결과를 계산하기 위한 함수를 호출하여 결과를 화면에 출력되도록 한다.

- 프로젝트명: ch_07_ex_03

컴포넌트	속성 및 조건
레이블	제목 등 완성 앱 참조하여 자유롭게 설정
수평배치	간격, 선, 1개 이상의 컴포넌트 배치에 사용
체크 상자	선택 여부
버튼	투표하기, 종료
텍스트 상자	투표 전체 인원 표시

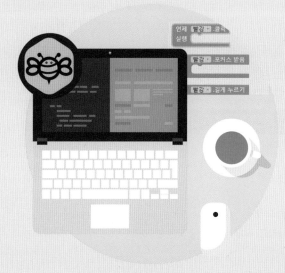

CHAPTER **8** 캔버스&펜
활용하기

CHAPTER 8에서는 캔버스를 활용한 낙서장과 그림판 앱을 만들어보도록 한다. 선의 두께와 색, 지우개 기능을 설정해 본다.

 SECTION 1

낙서장 프로젝트

학습목표

1. 스크린 터치를 통해 펜을 그을 수 있다.
2. 캔버스에 직접 메모를 남기고, 지우개를 통해 지울 수 있다.

프로젝트 이름: memo

이번 SECTION에서는 화면에 펜을 그어 메모를 작성할 수 있는 앱을 만들어보도록 한다. 지우개 버튼을 만들어 캔버스 영역에 작성된 메모를 모두 지울 수 있다.

1. 프로젝트 이해하기

프로젝트 개요	1. 펜 버튼으로 메모 남기기 2. 지우개 버튼으로 지우기 3. 펜으로 메모를 작성하는 코딩하기
사용하는 프로그래밍 요소	1. 클릭: 펜과 지우개 버튼을 눌렀을(클릭) 때 각 동작이 실행되도록 코딩하기

2. 완성 앱 미리보기

3. 디자인 설계

4. 컴포넌트 설계

memo 앱을 만들기 위해 필요한 컴포넌트와 속성은 다음 표를 참고한다.

컴포넌트	이름 수정	속성
레이블	레이블1	높이: 5 pixels, 텍스트: (공백)
수평배치	팔레트	수평 정렬: 중앙, 수직 정렬: 가운데, 배경색: 없음, 높이: 40 pixels, 너비: 부모에 맞추기
버튼	펜	텍스트: 펜
레이블	레이블2	너비: 5 pixels, 텍스트: (공백)
버튼	지우개	텍스트: 지우개
레이블	레이블3	높이: 5 pixels, 텍스트: (공백)
캔버스	**캔버스1**	**배경색: 없음, 너비: 부모에 맞추기**

01 상단 메뉴의 [새 프로젝트 시작하기] 또는 [프로젝트 ▼] → [새 프로젝트 시작하기]를 클릭하여 프로젝트 이름에 "memo"를 입력한 후 [확인] 버튼을 누른다.

02 팔레트의 [사용자 인터페이스] → [레이블]을 뷰어에 끌어다 놓은 후 속성을 다음 그림과 같이 변경한다.

03 팔레트의 [레이아웃] → [수평배치]를 [레이블1] 아래에 끌어다 놓은 후 속성을 다음 그림과 같이 변경한다.

04 팔레트의 [사용자 인터페이스] → [버튼]을 [수평배치1] 안으로 끌어다 놓는다. 컴포넌트에 추가된 [버튼1]의 이름을 "펜"으로 바꾸고, 속성을 다음 그림과 같이 변경한다.

05 팔레트의 [사용자 인터페이스] → [레이블]을 [펜] 오른쪽에 끌어다 놓은 후 속성을 다음 그림과 같이 변경한다.

06 팔레트의 [사용자 인터페이스] → [버튼]을 [레이블2] 오른쪽에 끌어다 놓는다. 컴포넌트에 추가된 [버튼1]의 이름을 "지우개"로 바꾸고, 속성을 다음 그림과 같이 변경한다.

07 팔레트의 [사용자 인터페이스] → [레이블]을 [수평배치1] 아래에 끌어다 놓은 후 속성을 다음 그림과 같이 변경한다.

08 팔레트의 [그리기&애니메이션] → [캔버스]를 [레이블3] 아래에 끌어다 놓은 후 속성을 다음 그림과 같이 변경한다.

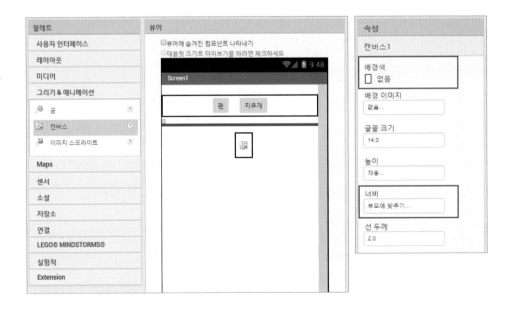

5. 전체 블록코딩 소스

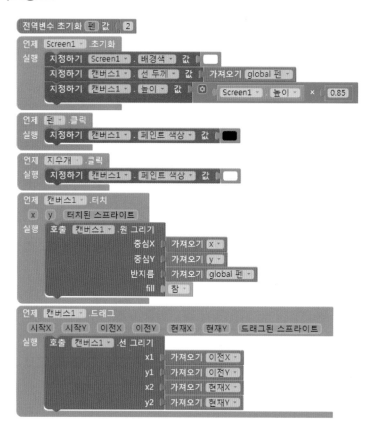

6. 블록코딩 소스 풀이

■ 제어	■ 논리	■ 수학	■ 텍스트	■ 리스트	■ 색상			
■ 변수	■ 함수	■ 컴포넌트 속성						

(1) 전역변수 및 스크린 초기화 블록

전역 변수 설정 및 스크린의 색상, 크기, 펜 사용 설정

01 [공통 블록] → [변수] → [전역변수 초기화 변수_이름 값] 블록을 클릭하여 뷰어에 놓은 후 [공통 블록] → [수학] → [0] 블록을 연결하여 빈 칸에 "**2**"를 입력한다.

02 [블록] → [Screen1] → [언제 Screen1 ▼ .초기화] 블록을 클릭하여 뷰어에 놓는다.

03 [블록] → [Screen1] → [지정하기 Screen1 ▼ .배경색 ▼ 값] 블록을 앞서 추가한 블록에 끼워 넣은 후 [공통 블록] → [색상]의 흰색 페인트를 연결한다.

04 [블록] → [캔버스1] → [지정하기 캔버스1 ▼ .선 두께 ▼ 값] 블록을 앞서 추가한 블록 아래에 끼워 넣은 후 [공통 블록] → [변수] → [가져오기 ▼] 블록을 연결하고, 변수 이름에 'global 펜'을 선택한다.

05 [블록] → [캔버스1] → [지정하기 캔버스1 ▼ .높이 ▼ 값] 블록을 앞서 추가한 블록 아래에 끼워 넣은 후 [공통 블록] → [수학] → [⚙ □ × □] 블록을 연결한다.

06 곱셈 블록의 왼쪽에 [블록] → [Screen1] → [Screen1 ▼ .높이 ▼] 블록을 끼워 넣고, 오른쪽에는 [공통 블록] → [수학] → [0] 블록을 연결하여 빈 칸에 "**0.85**"를 입력한다.

(2) 터치 실행 블록

스크린을 터치하였을 때 **펜**이 **표시**

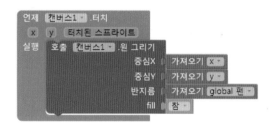

01 [블록] → [캔버스1] → [언제 캔버스1 ▼ .터치] 블록을 클릭하여 뷰어에 놓는다.

02 [블록] → [캔버스1] → [호출 캔버스1 ▼ .원 그리기] 블록을 앞서 추가한 블록에 끼워 넣은 후 중심X, 중심Y, 반지름에 변수 값을 연결한다. [참 ▼] 블록은 fill 값 옆에 기본으로 연결되어 있다.

03 중심X와 중심Y에 변수X와 Y를 표시하기 위해 다음과 같이 [언제 캔버스1 ▼ .터치] 블록에 있는 X에 커서를 올리면 표시되는 변수 블록을 연결한다. Y도 같은 방법으로 변수 블록을 연결한다.

04 [공통 블록] → [변수] → [가져오기 ▼] 블록을 앞서 추가한 블록의 반지름 오른쪽에 연결
히고, 변수 이름에 'global 펜굵기'를 선택한다.

(3) 드래그 실행 블록

스크린을 터치하여 드래그 할 때 펜이 그려짐

01 [블록] → [캔버스1] → [언제 캔버스1 ▼ .드래그] 블록을 클릭하여 뷰어에 놓는다.

02 [블록] → [캔버스1] → [호출 캔버스1 ▼ .선 그리기] 블록을 앞서 추가한 블록에 끼워 넣은
후 x1, y1, x2, y2 에 변수 값을 연결한다.

03 x1에 변수 이전X를 연결하기 위해 다음과 같이 [언제 캔버스1 ▼ .드래그] 블록에 있는 이전
X에 커서를 올리면 표시되는 변수 블록을 연결한다. y1, x2, y2 역시 같은 방법으로 이전Y,
현재X, 현재Y에 커서를 올려 변수 블록을 선택하여 연결한다.

7. 스마트폰 앱 설치

01 앱 인벤터 화면의 상단 메뉴 중 [빌드▼] → [앱(.apk 용 QR 코드 제공)]을 클릭한다.

02 화면에 QR 코드가 나타나면, 스마트폰의 QR 코드 인식 애플리케이션을 이용하여 해당 코드를 찍는다.

03 QR코드 인식으로 작성된 앱을 다운받아 스마트폰에 설치한다.

그림판 프로젝트

학습목표

1. 색깔 버튼을 만들어 펜 색을 지정할 수 있다.
2. 변수를 사용하여 펜을 만들어 직접 긋고 그릴 수 있다.

프로젝트 이름: drawing

이번 SECTION에서는 그림판을 실행하여 그림을 그리는 것처럼 그림판 앱을 만들어 본다. CHAPTER 3의 연습 문제에서 학습한 것과 같이 버튼 배경색을 선 색으로 지정하고, 선의 두께를 지정할 수 있다. 펜의 색을 흰색으로 지정하여 지우개처럼 사용할 수 있으며, 지우개 버튼을 사용하여 그림을 모두 지울 수 있다.

1. 프로젝트 이해하기

프로젝트 개요	1. 버튼을 활용하여 팔레트 만들기 2. 캔버스를 추가하여 그림 그릴 수 있는 화면 만들기 3. 터치하여 그었을 때 펜으로 그림을 그리는 것과 같은 코딩하기
사용하는 프로그래밍 요소	1. 클릭: 색깔별 버튼을 통해 팔레트 표시 2. 클릭: 선의 굵기 설정, 캔버스 지우기

2. 완성 앱 미리 보기

그림판은 선을 이용하여 그림을 그리는 앱으로 손으로 직접 긋거나 스마트폰용 펜을 이용하여 섬세하게 그림을 그릴 수 있다.

3. 디자인 설계

4. 컴포넌트 설계

drawing 앱을 만들기 위해 필요한 컴포넌트와 속성은 다음 표를 참고한다.

컴포넌트	이름 수정	속성
Screen1	Screen1	제목: 그림판
레이블	빈칸	높이: 10 pixels, 텍스트: (공백)
수평배치	팔레트	수평 정렬: 중앙, 수직 정렬: 가운데, 배경색: 밝은 회색, 높이: 50 pixels, 너비: 부모에 맞추기
버튼	검정	배경색: 검정, 모양: 둥근 모서리, 텍스트: (공백)
레이블	빈칸1	너비: 2 pixels, 텍스트: (공백)
버튼	흰색	배경색: 흰색, 모양: 둥근 모서리, 텍스트: (공백)
레이블	빈칸2	너비: 2 pixels, 텍스트: (공백)
버튼	분홍	배경색: 분홍, 모양: 둥근 모서리, 텍스트: (공백)
레이블	빈칸3	너비: 2 pixels, 텍스트: (공백)
버튼	파랑	배경색: 파랑, 모양: 둥근 모서리, 텍스트: (공백)
레이블	빈칸4	너비: 2 pixels, 텍스트: (공백)
버튼	노랑	배경색: 노랑, 모양: 둥근 모서리, 텍스트: (공백)
레이블	빈칸5	너비: 2 pixels, 텍스트: (공백)
버튼	초록	배경색: 초록, 모양: 둥근 모서리, 텍스트: (공백)
레이블	빈칸6	너비: 2 pixels, 텍스트: (공백)
버튼	지우개	배경색: 흰색, 모양: 둥근 모서리, 텍스트: 지우개
레이블	빈칸7	높이: 5 pixels, 텍스트: (공백)
수평배치	펜 도구	수평 정렬: 중앙, 수직 정렬: 가운데, 배경색: 밝은 회색, 높이: 50 pixels, 너비: 부모에 맞추기
레이블	펜 굵기	글꼴 크기: 16, 텍스트: 펜 굵기
레이블	빈칸8	너비: 2 pixels, 텍스트: (공백)
버튼	얇게	배경색: 흰색, 글꼴 크기: 16, 모양: 둥근 모서리, 텍스트: −
레이블	빈칸9	너비: 2 pixels, 텍스트: (공백)
버튼	굵게	배경색: 흰색, 글꼴 크기: 16, 모양: 둥근 모서리, 텍스트: +
캔버스	캔버스1	배경색: 없음, 너비: 부모에 맞추기

01 상단 메뉴의 [새 프로젝트 시작하기] 또는 [프로젝트▼] → [새 프로젝트 시작하기]를 클릭하여 프로젝트 이름에 "drawing"을 입력한 후 [확인] 버튼을 누른다.

02 컴포넌트에서 [Screen1]을 선택한다. 오른쪽 속성에서 제목에 "그림판"을 입력한 후 [Enter] 키를 누른다. (속성 중 아래쪽에 '제목' 항목이 위치)

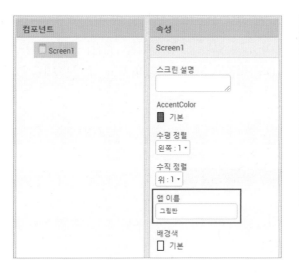

03 팔레트의 [사용자 인터페이스] → [레이블]을 뷰어로 끌어다 놓는다. 컴포넌트에 추가된 [레이블1]의 이름을 "빈칸"으로 바꾸고, 속성을 다음 그림과 같이 변경한다.

04 **펜 색깔을 바꾸거나, 내용을 지울 수 있는 지우개**를 만들기 위하여 가장 먼저 팔레트를 만들도록 한다. 팔레트에서 [레이아웃]에 있는 [수평배치]를 [빈칸] 아래로 끌어다 놓는다. 컴포넌트에 추가된 [수평배치1]의 이름을 "팔레트"로 바꾸고, 속성을 다음 그림과 같이 변경한다.

05 팔레트의 [사용자 인터페이스] → [버튼]을 수평배치 [팔레트] 안으로 끌어다 놓는다. 컴포넌트에 추가된 [버튼1]의 이름을 "검정"으로 바꾸고, 속성을 다음 그림과 같이 변경한다(배경색을 검정으로 변경하면 항목에는 '기본'으로 표시된다).

06 팔레트의 [사용자 인터페이스] → [레이블]을 [검정] 버튼의 오른쪽으로 끌어다 놓는다. 컴포넌트에 추가된 [레이블1]의 이름을 "빈칸1"로 바꾸고, 속성을 다음 그림과 같이 변경한다.

07 **05** ~ **06** 과정을 순서대로 반복하여 [흰색] 버튼, [빈칸2], [분홍] 버튼, [빈칸3], [파랑] 버튼, [빈칸4], [노랑] 버튼, [빈칸5], [초록] 버튼, [빈칸6]을 추가한다. 각 버튼의 배경색을 이름과 동일하게 변경하고, 컴포넌트 이름은 중복하여 쓸 수 없기 때문에 빈 칸에는 숫자를 넣어 이름을 변경한다.

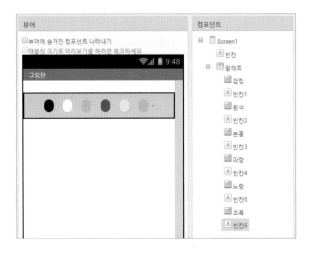

08 팔레트의 [사용자 인터페이스] → [버튼]을 [빈칸6] 오른쪽으로 끌어다 놓는다. 컴포넌트에 추가된 [버튼1]의 이름을 "지우개"로 바꾸고, 속성을 다음 그림과 같이 변경한다.

09 팔레트의 [사용자 인터페이스] → [레이블]을 수평배치 [팔레트] 아래로 끌어다 놓는다. 컴포넌트에 추가된 [레이블1]의 이름을 "빈칸7"로 바꾸고, 속성을 다음 그림과 같이 변경한다.

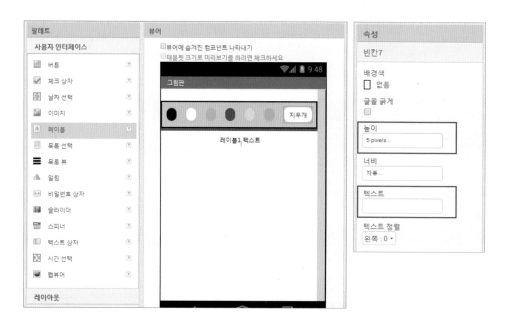

10 **선 굵기를 조정**할 수 있는 도구를 만들기 위해 팔레트의 [레이아웃] → [수평배치]를 [빈칸7] 아래에 끌어다 놓는다. 컴포넌트에 추가된 [수평배치1]의 이름을 "펜 도구"로 바꾸고, 속성을 다음 그림과 같이 변경한다.

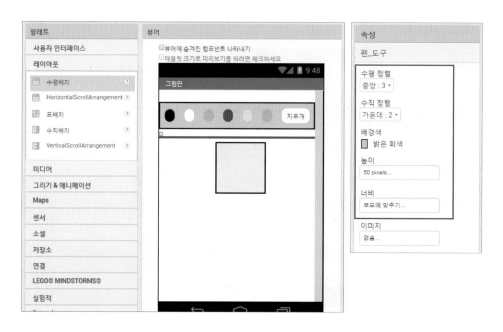

11 팔레트의 [사용자 인터페이스]에서 [레이블]을 [펜_도구] 수평배치 안으로 끌어다 놓는다. 컴포넌트에 추가된 [레이블1]의 이름을 "펜 굵기"로 바꾸고, 속성을 다음 그림과 같이 변경한다.

12 팔레트의 [사용자 인터페이스] → [레이블]을 [펜_굵기] 오른쪽으로 끌어다 놓는다. 컴포넌트에 추가된 [레이블1]의 이름을 "빈칸8"로 바꾸고, 속성을 다음 그림과 같이 변경한다.

13 팔레트의 [사용자 인터페이스] → [버튼]을 [빈칸8] 오른쪽에 끌어다 놓는다. 컴포넌트에 추가된 [버튼1]의 이름을 "얇게"로 바꾸고, 속성을 다음 그림과 같이 변경한다.

14 **12** ~ **13** 과정을 반복하여 [빈칸9]와 [굵게] 버튼을 만든다. 반복 과정 역시 속성을 똑같이 지정하지만, [굵게] 버튼은 속성에서 텍스트에 "+"를 입력하도록 한다.

15 팔레트의 [그리기&애니메이션] → [캔버스]를 수평배치 [펜_도구] 아래로 끌어다 놓은 후
속성을 다음 그림과 같이 너비 [부모에 맞추기]로 변경한다.

16 디자이너 화면에서 앱에 필요한 컴포넌트를 모두 추가했다. 다음 블록 화면으로 넘어가
각 컴포넌트에 대한 동작을 설정하도록 한다.

5. 전체 블록코딩 소스

언제 `노랑` .클릭
실행 지정하기 `캔버스1` . `페인트 색상` 값

언제 `초록` .클릭
실행 지정하기 `캔버스1` . `페인트 색상` 값

언제 `지우개` .클릭
실행 호출 `캔버스1` .지우기
지정하기 `캔버스1` . `페인트 색상` 값
지정하기 global `펜굵기` 값 `1`
지정하기 `캔버스1` . `선 두께` 값 가져오기 global `펜굵기`
지정하기 `캔버스1` . `배경 이미지` 값

언제 `얇게` .클릭
실행 지정하기 global `펜굵기` 값 가져오기 global `펜굵기` - `1`
지정하기 `캔버스1` . `선 두께` 값 가져오기 global `펜굵기`

언제 `굵게` .클릭
실행 지정하기 global `펜굵기` 값 가져오기 global `펜굵기` + `1`
지정하기 `캔버스1` . `선 두께` 값 가져오기 global `펜굵기`

언제 `캔버스1` .터치
x y 터치된 스프라이트
실행 호출 `캔버스1` .원 그리기
중심X 가져오기 `x`
중심Y 가져오기 `y`
반지름 가져오기 global `펜굵기`
fill 참

언제 `캔버스1` .드래그
시작X 시작Y 이전X 이전Y 현재X 현재Y 드래그된 스프라이트
실행 호출 `캔버스1` .선 그리기
x1 가져오기 `이전X`
y1 가져오기 `이전Y`
x2 가져오기 `현재X`
y2 가져오기 `현재Y`

6. 블록코딩 소스 풀이

(1) 전역변수 및 스크린 초기화 블록

전역변수 설정 및 스크린의 색상, 크기, 펜 사용 설정

01 [공통 블록] → [변수] → [전역변수 초기화 변수_이름 값] 블록을 클릭하여 뷰어에 놓은 후 변수 이름에 "펜굵기"를 입력한다.

02 [공통 블록] → [수학] → [0] 블록을 앞서 추가한 블록에 연결한 후 빈 칸에 "1"을 입력한다.

03 [블록] → [Screen1] → [언제 Screen1 ▼.초기화] 블록을 클릭하여 뷰어에 놓는다.

04 [블록] → [Screen1] → [지정하기 Screen1 ▼.배경색 ▼ 값] 블록을 앞서 추가한 블록에 끼워 넣는다. 곧이어 [공통 블록] → [색상]의 흰색 페인트를 선택하여 연결한다.

05 [블록] → [캔버스1] → [지정하기 캔버스1 ▼.선 두께 ▼ 값] 블록을 앞서 추가한 블록 아래에 끼워 넣은 후 [공통 블록] → [변수] → [가져오기　▼] 블록을 연결하고, 변수 이름에 'global 펜굵기'를 선택한다.

06 [블록] → [캔버스1] → [지정하기 캔버스1 ▼.높이 ▼ 값] 블록을 앞서 추가한 블록 아래에 끼워 넣은 후 [공통 블록] → [수학] → [⚙□×□] 블록을 연결한다.

07 [블록] → [Screen1] → [Screen1 ▼.높이 ▼] 블록을 곱셈 블록의 왼쪽에 끼워 넣고, [공통 블록] → [수학] → [0] 블록을 오른쪽에 끼워 넣은 후 "0.7"을 입력한다.

(2) 색깔 버튼 블록

각 버튼별 색상을 설정

각 팔레트의 색깔을 눌렀을 때 **펜의 색상을 변경**하기 위한 블록을 코딩한다.

01 [블록] → [검정] → [언제 검정 ▾.클릭] 블록을 클릭하여 뷰어에 놓는다.

02 [블록] → [Screen1] → [지정하기 Screen1 ▾.페인트 색상 ▾값] 블록을 앞서 추가한 블록에 끼워 넣은 후 [공통 블록] → [색상]의 검정색 페인트를 선택하여 연결한다.

03 **1** ~ **2** 과정을 반복하여 흰색, 분홍, 파랑, 노랑, 초록 버튼에도 블록코딩을 작성한다.

(3) 지우개 버튼 블록

화면을 모두 지우고, 초기 설정 값으로 되돌림

01 [블록] → [지우개] → [언제 지우개 ▾.클릭] 블록을 클릭하여 뷰어에 놓는다.

02 [블록] → [캔버스1] → [호출 캔버스1 ▾.지우기] 블록을 선택하여 앞서 추가한 블록에 연결한다.

03 [블록] → [캔버스1] → [지정하기 캔버스1 ▾.페인트 색상 ▾값] 블록을 앞서 추가한 블록 아래에 끼워 넣은 후 [공통 블록] → [색상]의 검정색 페인트를 선택하여 연결한다.

04 [공통 블록] → [변수] → [지정하기 ▾값] 블록을 앞서 추가한 블록 아래에 끼워 넣은 후 [공통 블록] → [수학] → [0] 블록을 연결하고, "1"을 입력한다.

05 [블록] → [캔버스1] → [지정하기 캔버스1 ▾.선 두께 ▾값] 블록을 앞서 추가한 블록 아래에 끼워 넣은 후 [공통 블록] → [변수] → [가져오기 ▾] 블록을 연결하고, 변수 이름에 'global 펜굵기'를 선택한다.

06 [블록] → [캔버스1] → [지정하기 캔버스1 ▾.배경 이미지 ▾값] 블록을 앞서 추가한 블록 아래에 끼워 넣은 후 [공통 블록] → [텍스트] → ["□"] 블록을 연결한다.

(4) 얇게 버튼 및 굵게 버튼 블록

펜의 굵기를 설정

01 [블록] → [얇게] → [언제 얇게 ▼.클릭] 블록을 클릭하여 뷰어에 놓는다.

02 [공통 블록] → [변수] → [지정하기 ▼값] 블록을 앞서 추가한 블록에 끼워 넣은 후 [공통 블록] → [수학] → [□-□] 블록을 연결한다.

03 [공통 블록] → [변수] → [가져오기 ▼] 블록을 뺄셈 블록의 왼쪽에 끼워 넣은 후 변수 이름에 'global 펜굵기'를 선택한다. 곧이어 [공통 블록] → [수학] → [0] 블록을 오른쪽에 끼워 넣은 후 "1"을 입력한다.

04 [블록] → [캔버스1] → [지정하기 캔버스1 ▼.선 두께▼값] 블록을 앞서 추가한 블록 아래에 끼워 넣은 후 [공통 블록] → [변수] → [가져오기 ▼] 블록을 연결하고, 변수 이름에 'global 펜굵기'를 선택한다.

05 **1**~**4** 과정을 반복하여 굵게 버튼에 블록코딩을 작성한다. 단, 뺄셈 블록 자리에 덧셈을 사용하기 위해 [공통 블록] → [수학] → [✿□+□] 블록을 연결해야 한다.

(5) 터치 실행 블록

스크린을 터치하였을 때 **펜**이 **표시**

01 [블록] → [캔버스1] → [언제 캔버스1 ▼.터치] 블록을 클릭하여 뷰어에 놓는다.

02 [블록] → [캔버스1] → [호출 캔버스1 ▼.원 그리기] 블록을 앞서 추가한 블록에 끼워 넣은 후 중심X, 중심Y, 반지름에 변수 값을 연결한다. [참 ▼] 블록은 fill 값 옆에 기본으로 연결되어 있다.

03 중심X와 중심Y에 변수X와 Y를 표시하기 위해 다음과 같이 [언제 캔버스1 ▼.터치] 블록에 있는 X에 커서를 올리면 표시되는 변수 블록을 연결한다. Y도 같은 방법으로 변수 블록을 연결한다.

04 [공통 블록] → [변수] → [가져오기   ▼] 블록을 앞서 추가한 블록의 반지름 오른쪽에 연결하고, 변수 이름에 'global 펜굵기'를 선택한다.

(6) 드래그 실행 블록

스크린을 터치하여 드래그 할 때 **펜이 그려짐**

01 [블록] → [캔버스1] → [언제 캔버스1 ▼.드래그] 블록을 클릭하여 뷰어에 놓는다.

02 [블록] → [캔버스1] → [호출 캔버스1 ▼.선 그리기] 블록을 앞서 추가한 블록에 끼워 넣은 후 x1, y1, x2, y2 에 변수 값을 연결한다.

03 x1에 변수 이전X를 연결하기 위해 다음과 같이 [언제 캔버스1 ▼.드래그] 블록에 있는 이전X에 커서를 올리면 표시되는 변수 블록을 연결한다. y1, x2, y2 역시 같은 방법으로 이전Y, 현재X, 현재Y에 커서를 올려 변수 블록을 선택하여 연결한다.

7. 스마트폰 앱 설치

01　앱 인벤터 화면의 상단 메뉴 중 [빌드▼] → [앱(.apk 용 QR 코드 제공)]을 클릭한다.

02　화면에 QR 코드가 나타나면, 스마트폰의 QR 코드 인식 애플리케이션을 이용하여 해당 코드를 찍는다.

03　QR코드 인식으로 작성된 앱을 다운받아 스마트폰에 설치한다.

연습 문제

1. **캔버스를 이용하여 아래의 출력형태와 같은 앱을 만들어 봅시다.**

색상별로 버튼을 만들고, 전역변수를 이용하여 선의 두께를 5로 지정한다. 지우개 버튼을 만들어 캔버스 내용을 모두 지우도록 한다.

※ 디자인은 출력형태를 토대로 자유롭게 설계한다.

- 프로젝트명: rainbow

컴포넌트	속성 및 조건
Screen1	화면 배경색 지정(청록색)
캔버스	그림 그리는 영역(화면 비율은 자유롭게 설정)
수평배치	버튼 배치
버튼	빨, 주, 노, 초, 파, 남, 보, 지우개
레이블	컴포넌트간의 간격 조절

2. 슬라이더와 캔버스를 이용하여 아래의 출력형태와 같은 앱을 만들어 봅시다.

선택한 색과 슬라이더로 지정한 위치 값이 표시되도록 한다. 터치한 화면에 슬라이더로 지정한 값이 반영된 원, 삼각형, 사각형이 크거나 작게 그려지도록 한다.

※ 디자인은 출력형태를 토대로 자유롭게 설계한다.

- 프로젝트명: trace

컴포넌트	속성 및 조건
레이블	색, 두께, Select 레이블에 사용
수평배치	컴포넌트 두 개 이상 배치에 사용(색, 버튼 등)
수직배치	두께 레이블과 두께 값 지정에 사용
캔버스	그림 그리는 영역으로(전체 화면 비율의 64%)
슬라이더	최소값: 1, 최대값: 10(값이 클수록 큰 도형)
버튼	도형, 지우개(흰색 지우개), 새그림(모두 지우기)

3. 공과 캔버스를 이용하여 아래의 출력형태와 같은 앱을 만들어 봅시다.

Start 버튼을 누르면 두 개의 공이 반복문에 의하여 캔버스의 너비와 높이에 따라 움직이도록 설정한다.(공의 방향, 속도는 자유롭게)

※ 디자인은 출력형태를 토대로 자유롭게 설계한다.

- 프로젝트명: ball_m

컴포넌트	속성 및 조건
수평배치	캔버스의 회색 테두리 및 버튼 배치
캔버스	공이 움직이는 영역
공	공의 움직임 시작점은 자유롭게 설정
버튼	Start : 공이 움직이기 시작, Stop : 공 멈춤

CHAPTER **9 List를 이용한 앱 만들기**

CHAPTER 9에서는 List의 의미와 기능을 알아보고, 차량관리 앱과 수강 등록 현황 앱을 만들어보도록 한다. List는 프로그래밍언어의 중요한 부분으로 항목을 만들어 데이터를 저장하거나 List의 Index를 이용하여 데이터를 추가, 수정, 삭제할 수 있다.

특히, List를 활용하여 기본 데이터를 저장해 놓고 불러올 수 있으므로 다른 컴포넌트와 조합하여 유용하게 사용할 수 있다.

List 기본 익히기

학습목표

1. List의 의미와 색인을 이해할 수 있다.
2. 데이터를 List에 순서대로 저장할 수 있다.
3. List에 저장된 데이터를 검색할 수 있다.
4. List를 활용하여 앱을 만들 수 있다.

1. List(목록)란?

List(목록)는 App Inventor뿐만 아니라 모든 프로그래밍 언어에서 사용되는 데이터 구조 유형으로, List(목록)를 사용하여 다양한 값과 요소 집합을 만들고 조작한다.

List는 기본적으로 List의 1번 위치부터 순서대로 데이터가 저장된다. 위치 지정 없이 데이터를 추가 저장할 때는 List의 맨 마지막 위치에 데이터를 추가 삽입되며, 색인을 이용하여 데이터를 추가, 검색 및 수정할 수 있다.

2. 색인(Index)이란?

색인이란 책 속의 내용 중에서 중요한 단어나 항목, 인명 따위를 쉽게 찾아볼 수 있도록 일정한 순서에 따라 별도로 배열하여 놓은 목록을 말한다.

앱 인벤터에서는 List 요소의 위치를 색인(Index)이라고 하며, List 첫 번째 요소의 색인은 1로 지정된다.

아래 그림에서 A의 색인은 1, B의 색인은 2, C의 색인은 3, D의 색인은 4이다.

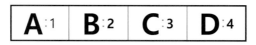

List 색인의 개념

이것이 의미하는 바는 목록에 있는 색인과 List(목록) 이름이 무엇인지 알면 List(목록)의 특정 요소를 참조할 수 있다는 것이다.

App Inventor의 List 활용 예로는 휴대 전화의 숫자, 응답 메시지 또는 회의에서 만나는 사람들의 이름과 같은 데이터를 저장하는 List를 만들어 사용하면 유용하다.

List를 만들어 저장하는 방법에는 빈 리스트를 만들어 놓고 항목을 저장하는 방법과 항목 값을 미리 저장하여 List를 만들어 사용하는 방법이 있다.

리스트 만들기1   리스트 만들기2

List는 뮤 데이터라는 List(목록) 만들기 블록을 사용하여 List(목록)를 만들 수 있으며, 즉, [🔧 리스트 만들기] 블록의 🔧를 클릭하여 확장하거나 축소할 수 있다.

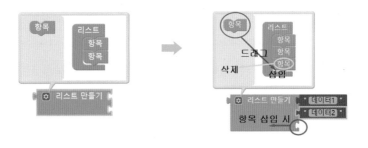

3. List 블록

블록	설명
빈 리스트 만들기	비어 있는 리스트를 만든다.
리스트 만들기	블록의 왼쪽 파란색 기호를 클릭하여 요소를 추가할 수 있으며, 요소에 데이터를 저장할 수 있는 리스트를 만든다.
리스트에 항목 추가하기 리스트 item	만들어진 리스트의 마지막에 데이터를 추가한다.
리스트에 포함되어 있나요? 값 리스트	만들어진 리스트에 지정한 값이 포함되어있는지를 검색한다.
리스트 길이 리스트	만들어진 리스트의 길이를 숫자로 반환한다.
리스트가 비어있나요? 리스트	만들어진 리스트가 비어있는지를 검사한다.
리스트에서 항목 선택하기 리스트 위치	만들어진 리스트의 지정된 위치의 항목을 선택한다.
리스트에 항목 추가하기 리스트 위치 항목	만들어진 리스트의 지정된 위치에 항목을 추가한다.
리스트의 항목 교체하기 리스트 위치 교체	만들어진 리스트의 지정된 위치의 항목을 수정한다.
리스트에서 항목 삭제하기 리스트 위치	만들어진 리스트의 지정된 위치의 항목을 삭제한다.

List는 블록 모양과 기능에 따라 적절하게 선택하여 블록코딩에 활용해야 한다.

리스트의 마지막에 항목을 추가한다.

리스트의 지정된 위치에 항목을 추가한다.

항목을 추가하는 리스트 유형

SECTION 2

차량 관리 프로젝트

학습목표

1. List를 만들어 저장할 수 있다.
2. List에 저장된 데이터를 불러올 수 있다.
3. List를 이용하여 기본 데이터를 미리 저장할 수 있다.
4. List를 이용하여 앱 화면 간 데이터를 전달할 수 있다.

프로젝트 이름: car_01

이번 SECTION에서는 차량 관리 프로젝트에서는 차량 관리를 위한 소모품 일지를 만들어보도록 한다. 차량 관리 앱에서 날짜와 정비 목록을 선택한 후 등록 버튼을 누르면 앱 화면이 전환되고, 차량 부품 교체 일지 앱에 선택한 정비 목록이 입력되도록 프로젝트를 설계한다.

1. 프로젝트 설계

알고리즘	1. 날짜 선택 컴포넌트 생성하기 2. List에 정비 부품 저장하기 3. 목록 뷰에 List 연결하기 4. 다음 화면에 데이터 연결하기
프로그래밍 요소	1. List : 정비 부품 데이터 저장과 전달 2. 전역변수 : 날짜 3. 시작 값 전달 : 차량 관리 앱에서 선택한 항목 전달

2. 완성 앱 미리 보기

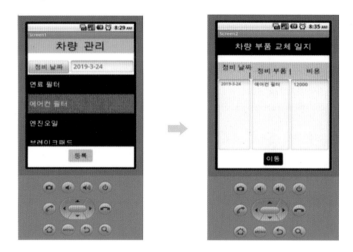

3. 디자인 설계

▪ Screen1 설계

■ Screen2 설계

4. 컴포넌트 설계

car_01 앱을 만들기 위해 필요한 컴포넌트와 속성은 다음 표를 참고한다.

■ Screen1 설계

컴포넌트	이름 수정	속성
수평배치	날짜틀	수평 정렬: 중앙, 수직 정렬: 가운데, 배경색 : 분홍, 높이:10 percent, 너비: 부모에 맞추기
레이블	제목	글꼴 크기: 33, 텍스트: 차량 관리
수평배치	간격	높이: 5 percent
수평배치	정비_날짜틀	수직 정렬: 가운데, 높이: 10 percent, 너비: 부모에 맞추기
날짜 선택	날짜	글꼴 굵게, 글꼴 크기: 20, 높이: 10 percent, 너비:40 percent, 텍스트: 정비 날짜, 텍스트 정렬: 가운데
텍스트 상자	정비_일	글꼴 크기: 20, 높이: 10 percent, 너비: 60 percent, 힌트: (공백), 텍스트 색상: 빨강
수평배치	부품틀	수직 정렬: 가운데, 높이: 50 percent, 너비: 부모에 맞추기
목록 뷰	부품_목록	높이: 50 percent, 너비: 부모에 맞추기, 선택 항목 색상: 빨강
수평배치	간격1	높이: 2 percent
수평배치	등록틀	수평 정렬: 중앙, 수직 정렬: 가운데, 너비: 부모에 맞추기
버튼	등록	배경색: 분홍, 글꼴 굵게, 글꼴 크기: 20, 너비: 25 percent, 텍스트: 등록

■ Screen2 설계

컴포넌트	이름 수정	속성
수평배치	제목틀	수평 정렬: 중앙, 수직 정렬: 가운데, 배경색: 검정, 높이:10 percent, 너비: 부모에 맞추기
레이블	제목	글꼴 크기: 25, 텍스트: 차량 부품 교체 일지, 텍스트 색상: 흰색
수평배치	간격1	높이: 5 percent
수평배치	정비틀	수직 정렬: 가운데, 배경색: 주황, 높이: 10 percent, 너비: 부모에 맞추기
레이블	정비_날짜	글꼴 굵게, 글꼴 크기: 20, 너비: 30 percent, 텍스트: 정비 날짜 |, 텍스트 정렬: 오른쪽
레이블	부품_레이블	글꼴 굵게, 글꼴 크기: 20, 너비: 35 percent, 텍스트: 정비 부품 |, 텍스트 정렬: 오른쪽
레이블	비용_레이블	글꼴 굵게, 글꼴 크기: 20, 너비: 35 percent, 텍스트: 비용, 텍스트 정렬: 가운데
수평배치	선택정보틀	높이: 50 percent, 너비: 부모에 맞추기
텍스트 상자	정비_일	글꼴 크기: 12, 높이: 50 percent, 너비: 30 percent, 힌트: (공백)
텍스트 상자	부품명	글꼴 크기: 14, 높이: 50 percent, 너비: 35 percent, 힌트: (공백)
텍스트 상자	비용	글꼴 크기: 14, 높이: 50 percent, 너비: 35 percent, 힌트: (공백)
수평배치	이동틀	수평 정렬: 중앙, 수직 정렬: 가운데, 높이: 10 percent, 너비: 부모에 맞추기
버튼	이동	배경색: 검정, 글꼴 크기: 20, 텍스트: 이동, 텍스트 색상: 흰색

01 상단 메뉴의 [프로젝트▼] → [새 프로젝트 시작하기]를 클릭하여 프로젝트 이름에 "car_01"을 입력하고 [확인] 버튼을 누른다.

02 팔레트의 [레이아웃] → [수평배치]를 선택하여 뷰어에 끌어다 놓는다. 컴포넌트에 추가된 [수평배치]의 이름을 "날짜틀"로 바꾸고, 속성은 다음 그림과 같이 변경한다.

03 팔레트의 [사용자 인터페이스] → [레이블]을 선택하여 [날짜틀] 안에 끌어다 놓는다. 컴포넌트에 추가된 [레이블]의 이름을 "제목"으로 바꾸고, 속성은 다음 그림과 같이 변경한다.

04 팔레트의 [레이아웃] → [수평배치]를 선택하여 [날짜틀] 아래에 끌어다 놓는다. 컴포넌트
에 추가된 [수평배치]의 이름을 "간격"으로 바꾸고, 속성은 다음 그림과 같이 변경한다.

05 팔레트의 [레이아웃] → [수평배치]를 선택하여 [간격] 아래에 끌어다 놓는다. 컴포넌트
에 추가된 [수평배치]의 이름을 "정비_날짜틀"로 바꾸고, 속성은 다음 그림과 같이 변경
한다.

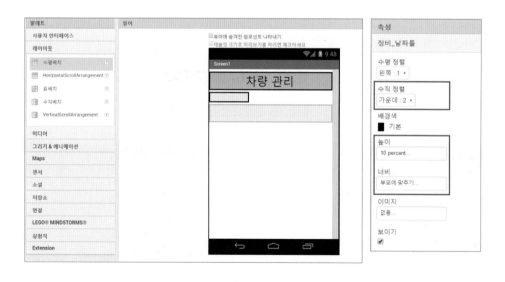

06 팔레트의 [사용자 인터페이스] → [날짜 선택]을 선택하여 [정비_날짜틀] 안에 끌어다 놓는다. 컴포넌트에 추가된 [날짜 선택]의 이름을 "날짜"로 바꾸고, 속성은 다음 그림과 같이 변경한다.

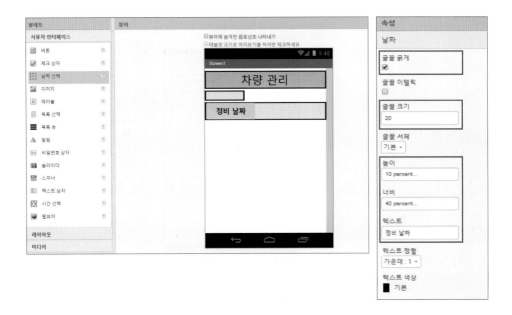

07 팔레트의 [사용자 인터페이스] → [텍스트 상자]를 선택하여 [날짜 선택] 오른쪽에 끌어다 놓는다. 컴포넌트에 추가된 [텍스트 상자]의 이름을 "정비_일"로 바꾸고, 속성은 다음 그림과 같이 변경한다.

08 팔레트의 [레이아웃] → [수평배치]를 선택하여 [정비_날짜틀] 아래에 끌어다 놓는다. 컴
포넌트에 추가된 [수평배치]의 이름을 "부품틀"로 바꾸고, 속성은 다음 그림과 같이 변경
한다.

09 팔레트의 [레이아웃] → [목록 뷰]를 선택하여 [부품틀] 안에 끌어다 놓는다. 컴포넌트에
추가된 [목록 뷰]의 이름을 "부품_목록"으로 바꾸고, 속성은 다음 그림과 같이 변경한다.

10 팔레트의 [레이아웃] → [수평배치]를 선택하여 [부품틀] 아래에 끌어다 놓는다. 컴포넌트
에 추가된 [수평배치]의 이름을 "간격1"로 바꾸고, 속성 높이에 "2" percent를 입력한다.

11 팔레트의 [레이아웃] → [수평배치]를 선택하여 [간격1] 아래에 끌어다 놓는다. 컴포넌트에 추가된 [수평배치]의 이름을 "등록틀"로 바꾸고, 속성은 다음 그림과 같이 변경한다.

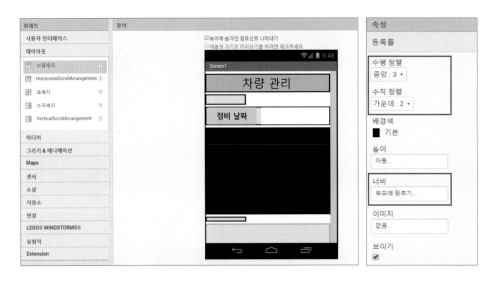

12 팔레트의 [레이아웃] → [버튼]를 선택하여 [등록틀] 안에 끌어다 놓는다. 컴포넌트에 추가된 [버튼]의 이름을 "등록틀"로 바꾸고, 속성은 다음 그림과 같이 변경한다.

☒ 상단의 [스크린 추가]를 클릭하여 'Screen2'를 확인하고 [확인] 버튼을 누른다.

☒ 팔레트의 [레이아웃] → [수평배치]를 선택하여 뷰어에 끌어다 놓는다. 컴포넌트에 추가된 [수평배치]의 이름을 "제목틀"로 바꾸고, 속성은 다음 그림과 같이 변경한다.

15 팔레트의 [사용자 인터페이스] → [레이블]을 선택하여 [제목틀] 안에 끌어다 놓는다. 컴포넌트에 추가된 [레이블]의 이름을 "제목"으로 바꾸고, 속성은 다음 그림과 같이 변경한다.

16 팔레트의 [레이아웃] → [수평배치]를 선택하여 [제목틀] 아래에 끌어다 놓는다. 컴포넌트에 추가된 [수평배치]의 이름을 "간격1"로 바꾸고, 속성 높이에 "5" percent를 입력한다.

17 팔레트의 [레이아웃] → [수평배치]를 선택하여 [간격1] 아래에 끌어다 놓는다. 컴포넌트에 추가된 [수평배치]의 이름을 "정비틀"로 바꾸고, 속성은 다음 그림과 같이 변경한다.

18 팔레트의 [사용자 인터페이스] → [레이블]을 선택하여 [정비틀] 아래에 끌어다 놓는다. 컴포넌트에 추가된 [레이블]의 이름을 "정비_날짜"로 바꾸고, 속성은 다음 그림과 같이 변경한다.

19 팔레트의 [사용자 인터페이스] → [레이블]을 선택하여 [정비_날짜] 오른쪽에 끌어다 놓는다. 컴포넌트에 추가된 [레이블]의 이름을 "부품_레이블"로 바꾸고, 속성은 다음 그림과 같이 변경한다.

⑳ 팔레트의 [사용자 인터페이스] → [레이블]을 선택하여 [부품_레이블] 오른쪽에 끌어다 놓는다. 컴포넌트에 추가된 [레이블]의 이름을 "비용_레이블"로 바꾸고, 속성은 텍스트와 텍스트 정렬을 제외하고는 ⑲ 와 같이 지정한 후 텍스트에 "비용"을 입력하고, 텍스트 정렬은 [가운데]로 변경한다.

㉑ 팔레트의 [레이아웃] → [수평배치]를 선택하여 [정비틀] 아래에 끌어다 놓는다. 컴포넌트에 추가된 [수평배치]의 이름을 "선택정보틀"로 바꾸고, 속성은 다음 그림과 같이 변경한다.

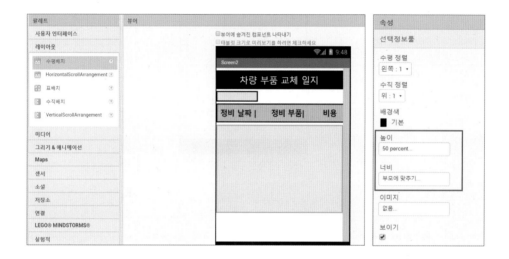

㉒ 팔레트의 [사용자 인터페이스] → [텍스트 상자]를 선택하여 [선택정보틀] 안에 끌어다 놓는다. 컴포넌트에 추가된 [텍스트 상자]의 이름을 "정비_일"로 바꾸고, 속성은 다음 그림과 같이 변경한다.

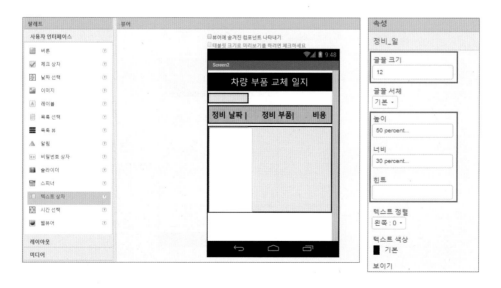

23 팔레트의 [사용자 인터페이스] → [텍스트 상자]를 선택하여 [정비_일] 오른쪽에 끌어다 놓는다. 컴포넌트에 추가된 [텍스트 상자]의 이름을 "부품명"으로 바꾸고, 속성은 다음 그림과 같이 변경한다.

24 팔레트의 [사용자 인터페이스] → [텍스트 상자]를 선택하여 [부품명] 오른쪽에 끌어다 놓는다. 컴포넌트에 추가된 [텍스트 상자]의 이름을 "비용"으로 바꾸고, 속성은 23 과 같이 변경한다.

25 팔레트의 [레이아웃] → [수평배치]를 선택하여 [선택정보틀] 아래에 끌어다 놓는다. 컴포넌트에 추가된 [수평배치]의 이름을 "이동틀"로 바꾸고, 속성은 다음 그림과 같이 변경한다.

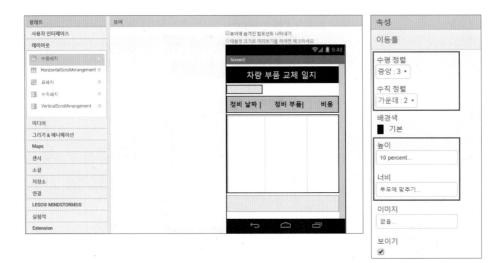

26 팔레트의 [사용자 인터페이스] → [버튼]을 선택하여 [이동틀] 안에 끌어다 놓는다. 컴포넌트에 추가된 [버튼]의 이름을 "이동"으로 바꾸고, 속성은 다음 그림과 같이 변경한다.

5. 전체 블록코딩 소스

■ Screen1 소스

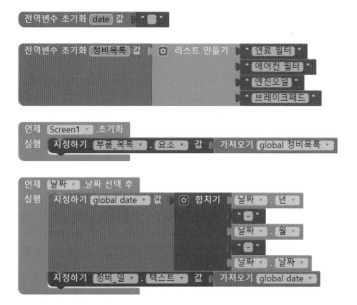

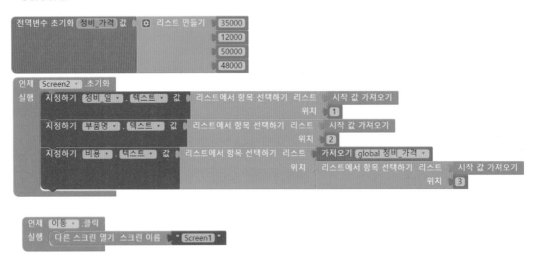

■ Screen2 소스

6. 블록코딩 소스 설명

제어	논리	수학	텍스트	리스트
색상	변수	함수	컴포넌트 속성	

(1) 전역변수 생성하기

date, 정비목록

■ Screen1

전역변수 생성은 [공통블록] → [변수] → [전역변수 초기화 변수_이름 값] 블록을 선택하여 뷰
어에 끌어다 놓고 [전역변수 초기화 변수_이름 값] 블록의 변수_이름에 변수 이름을 입력하여 작
성한다.

01 [공통 블록] → [변수] → [전역변수 초기화 date] 블록에 [공통 블록] → [텍스트] → ["□"]
블록을 끼워 넣는다.

02 [공통 블록] → [변수] → [전역변수 초기화 정비목록] 블록에 [공통 블록] → [리스트] → [⚙
리스트 만들기] 블록을 끼워 넣고, 4개의 리스트 항목을 만든 후 [공통 블록] → [텍스트]
→ ["□"] 블록 4개를 끼워 넣고, "연료 필터", "에어컨 필터", "엔진오일", "브레이크패드"를 입
력한다.

(2) Screen1 초기화

목록 뷰의 기본값으로 정비목록으로 설정

■ Screen1

01 [블록] → [Screen1] → [언제 Screen1 ▾ .초기화] 블록을 선택하여 뷰어에 끌어다 놓고 [블
록] → [부품_목록] → [지정하기 부품_목록 ▾ .요소 ▾ 값] 블록에 [공통 블록] → [변수] →
[가져오기 global 정비목록 ▾] 블록을 끼워 넣는다.

작성된 변수 선택은 [공통 블록] → [변수] → [가져오
기 ▾] 블록의 콤보 상자를 클릭하여 global 정비목
록을 선택한다.

(3) 날짜 선택 후

날짜를 선택하면 '년-월-일' 형식으로 표시하기

▪ Screen1

01 [블록] → [날짜] → [언제 날짜 ▼.날짜 선택 후] 블록을 선택하여 뷰어에 끌어다 놓고 다음
   과 같은 항목을 끼워 넣는다.

   • [공통 블록] → [변수] → [지정하기 global date ▼ 값] 블록에
     [공통 블록] → [텍스트] → [⚙ 합치기] 블록을 끼워 넣는다.

     [⚙ 합치기] 블록은 좌측 파란색 기호를 클릭하여 좌
     측의 '문자열' 블록을 '합치기' 블록 안에 드래그 앤
     드롭하여 다섯 개의 항목을 만든다.

   • [블록] → [날짜] → [날짜▼.년▼], [공통 블록] → [텍스트] →
     ["□"] 블록에 "-"을 입력, [블록] → [날짜] → [날짜▼.월▼],
     [공통 블록] → [텍스트] → ["□"] 블록에 "-"을 입력, [블록] → [날짜] → [날짜▼.날짜]
     블록을 연결하여 끼워 넣는다.

   • [블록] → [정비_일] → [지정하기 정비_일▼.텍스트▼ 값] 블록에 [공통 블록] → [변수]
     → [가져오기 global date ▼] 블록을 끼워 넣는다.

(4) 등록 클릭

부품 목록에서 선택한 항목과 번호를 Screen2에 값 전달

■ Screen1

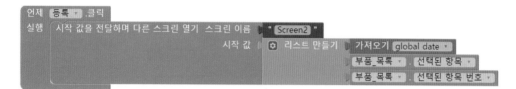

01 [블록] → [등록] → [언제 등록▼.클릭] 블록을 뷰어에 끌어다 놓고 다음과 같은 블록을 끼워 넣는다.

  • [공통 블록] → [제어] → [시작 값을 전달하며 다른 스크린 열기] 블록에 스크린 이름 부분에는 [공통 블록] → [텍스트] → ["□"] 블록을 연결한 후 "Screen2"를 입력한다.

  • [시작 값을 전달하며 다른 스크린 열기] 블록의 시작 값 부분에는 [공통 블록] → [리스트] → [⚙ 리스트 만들기] 블록을 끼워 넣고, [⚙ 리스트 만들기] 블록에 [공통 블록] → [변수] → [가져오기 global date ▼], [블록] → [부품_목록] → [부품_목록▼.선택된 항목 ▼], [블록] → [부품_목록] → [부품_목록▼.선택된 항목 번호 ▼] 블록을 끼워 넣는다.

(5) 전역변수 생성

부품별 정비 값을 순서대로 저장한다.

■ Screen2

01 [공통 블록] → [변수] → [전역변수 초기화 변수 이름 값] 블록을 뷰어에 끌어다 놓고, 변수 이름에 "정비_가격"을 입력한다.

  • [전역변수 초기화 정비_가격 값] 블록에 [공통 블록] → [리스트] → [⚙ 리스트 만들기] 블록을 끼워 넣고, 4개의 리스트 항목을 만든 후 [공통 블록] → [수학] → [0] 블록 4개를 끼워 넣고, '값'에 "35000", "12000", "50000", "48000"을 입력한다.

(6) Screen2 초기화

Screen1에서 넘겨 받은 시작 값 Screen2에 표시하기

▪ Screen2

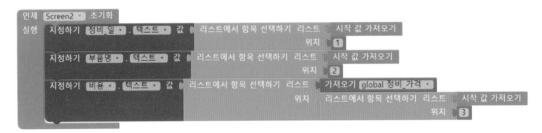

01 [블록] → [Screen2] → [언제 Screen2 ▼.초기화] 블록을 선택하여 뷰어에 끌어다 놓고 다음과 같은 블록을 끼워 넣는다.

- [블록] → [정비_일] → [지정하기 정비_일▼.텍스트 ▼ 값] 블록에 [공통 블록] → [리스트] → [리스트에서 항목 선택하기] 블록을 끼워 넣고, 리스트 부분에는 [공통 블록] → [제어] → [시작 값 가져오기], 위치 부분에는 [공통 블록] → [수학] → [0] 블록을 연결한 후 "1"을 입력한다.

- [블록] → [부품명] → [지정하기 부품명▼.텍스트 ▼ 값] 블록에 [공통 블록] → [리스트] → [리스트에서 항목 선택하기] 블록을 끼워 넣고, 리스트 부분에는 [공통 블록] → [제어] → [시작 값 가져오기], 위치 부분에는 [공통 블록] → [수학] → [0] 블록을 연결한 후 "2"를 입력한다.

- [블록] → [비용] → [지정하기 비용▼.텍스트 ▼ 값] 블록에 [공통 블록] → [리스트] → [리스트에서 항목 선택하기] 블록을 끼워 넣고, 리스트 부분에는 [공통 블록] → [변수] → [가져오기 global 정비_가격▼], 위치 부분에는 [공통 블록] → [수학] → [0] 블록을 연결한 후 "3"을 입력한다.

(7) 이동 클릭

Screen1로 이동하기

■ Screen2

01 [블록] → [이동] → [언제 이동 ▾.클릭] 블록을 선택하여 뷰어에 끌어다 놓고, [공통 블록]
→ [제어] → [다른 스크린 열기 스크린 이름] 블록에 [공통 블록] → [텍스트] → ["□"] 블록
을 연결한 후 "Screen1"을 입력한다.

수강 등록 현황 프로젝트

학습목표

1. 빈 List를 만들어 데이터를 저장할 수 있다.
2. List에 데이터를 추가, 수정, 삭제할 수 있다.
3. List 길이를 이용할 수 있다.

프로젝트 이름: lecture_02

이번 SECTION에서는 List를 이용한 데이터 관리앱을 만들고자 한다.

기본 수강 데이터가 저장된 List를 목록 뷰의 요소로 설정한 후 List 블록을 이용하여 데이터를 추가, 수정, 삭제하여 목록 뷰의 요소를 업데이트한다.

1. 프로젝트 설계

알고리즘	1. 기본 데이터를 List에 저장하기 2. 목록 뷰에 List 연결하기 3. 추가, 수정, 삭제 List 블록 활용하기 4. 목록 뷰 요소 업데이트하기
프로그래밍 요소	1. List : 수강 데이터 추가, 수정, 삭제 2. 전역변수 : 명단 3. 조건문 : List에서 항목 수정 및 삭제 4. 반복문 : List에서 데이터 검색

2. 완성 앱 미리 보기

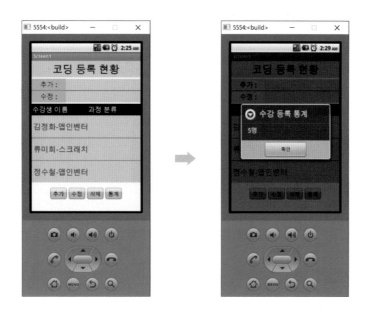

3. 디자인 설계

4. 컴포넌트 설계

lecture_02 앱을 만들기 위해 필요한 컴포넌트와 속성은 다음 표를 참고한다.

컴포넌트	이름 수정	속성
수평배치	제목틀	수평 정렬: 중앙, 수직 정렬: 가운데, 높이: 10 percent, 너비: 부모에 맞추기
레이블	제목	글꼴 크기: 30, 텍스트: 코딩 등록 현황
수평배치	간격	높이: 1 percent
수평배치	추가틀	수직 정렬: 가운데, 배경색: 초록, 높이: 7 percent, 너비: 부모에 맞추기
레이블	추가_레이블	글꼴 굵게, 글꼴 크기: 20, 너비: 30 percent, 텍스트: 추가, 텍스트 정렬: 가운데
텍스트 상자	추가_입력	배경색: 밝은 회색, 글꼴 크기: 22, 높이:10 percent, 너비: 부모에 맞추기, 힌트: (공백)
수평배치	검정선	배경색: 검정, 높이: 1 pixel, 너비: 부모에 맞추기
수평배치	수정틀	수직 정렬: 가운데, 배경색: 초록, 높이: 7 percent, 너비: 부모에 맞추기
레이블	수정_레이블	글꼴 굵게, 글꼴 크기: 20, 너비: 30 percent, 텍스트: 수정, 텍스트 정렬: 가운데
텍스트 상자	수정_입력	배경색: 밝은 회색, 글꼴 크기: 22, 높이:10 percent, 너비: 부모에 맞추기, 힌트: (공백)
수평배치	간격1	높이: 1 percent
수평배치	필드명_틀	수직 정렬: 가운데, 배경색: 검정, 높이: 7 percent, 너비: 부모에 맞추기
레이블	수강생명	글꼴 굵게, 글꼴 크기: 20, 너비: 50 percent, 텍스트: 수강생 이름, 텍스트 색상: 흰색
레이블	등급	글꼴 굵게, 글꼴 크기: 20, 너비: 50 percent, 텍스트: 과정 분류, 텍스트 색상: 흰색
수평배치	목록뷰틀	수평 정렬: 중앙, 수직 정렬: 가운데, 높이: 40 percent, 너비: 부모에 맞추기
목록 뷰	목록_뷰1	배경색: 밝은 회색, 높이: 40 percent, 너비: 100 percent, 선택 항목 색상: 노랑, 텍스트 색상: 파랑
수평배치	간격2	높이: 3 percent
수평배치	버튼틀	수평 정렬: 중앙, 수직 정렬: 가운데, 높이: 8 percent, 너비: 부모에 맞추기
버튼	추가	글꼴 굵게, 글꼴 크기: 16, 텍스트: 추가
버튼	수정	글꼴 굵게, 글꼴 크기: 16, 텍스트: 수정
버튼	삭제	글꼴 굵게, 글꼴 크기: 16, 텍스트: 삭제
버튼	통계	글꼴 굵게, 글꼴 크기: 16, 텍스트: 통계
알림	알림1	–

01 [프로젝트 ▼] → [새 프로젝트 시작하기]를 클릭하여 프로젝트 이름에 "lecture_02"을 입력하고 [확인] 버튼을 누른다.

02 팔레트의 [레이아웃] → [수평배치]를 선택하여 뷰어에 끌어다 놓는다. 컴포넌트에 추가
된 [수평배치]의 이름을 "제목틀"로 변경하고, 속성은 다음 그림과 같이 변경한다.

03 팔레트의 [사용자 인터페이스] → [레이블]을 선택하여 [제목틀] 안에 끌어다 놓는다. 컴포
넌트에 추가된 [레이블]의 이름을 "제목"으로 바꾸고, 속성은 다음 그림과 같이 변경한다.

04 팔레트의 [레이아웃] → [수평배치]를 선택하여 [제목틀] 아래에 끌어다 놓는다. 컴포넌트
에 추가된 [수평배치]의 이름을 "간격"으로 바꾸고, 속성은 다음 그림과 같이 변경한다.

05 팔레트의 [레이아웃] → [수평배치]를 선택하여 [간격] 아래에 끌어다 놓는다. 컴포넌트에
추가된 [수평배치]의 이름을 "추가틀"로 바꾸고, 속성은 다음 그림과 같이 변경한다.

06 팔레트의 [사용자 인터페이스] → [레이블]을 선택하여 [추가틀] 안에 끌어다 놓는다. 컴
포넌트에 추가된 [레이블]의 이름을 "추가_레이블"로 바꾸고, 속성은 다음 그림과 같이
변경한다.

07 팔레트의 [사용자 인터페이스] → [텍스트 상자]를 선택하여 [추가_레이블] 오른쪽에 끌
어다 놓는다. 컴포넌트에 추가된 [텍스트 상자]의 이름을 "추가_입력"으로 바꾸고, 속성
은 다음 그림과 같이 변경한다.

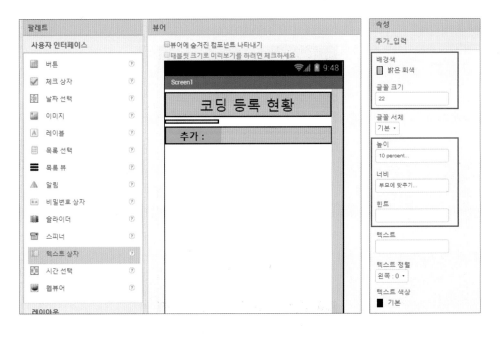

08 팔레트의 [레이아웃] → [수평배치]를 선택하여 [추가틀] 아래에 끌어다 놓는다. 컴포넌트
에 추가된 [수평배치]의 이름을 "검정선"으로 바꾸고, 속성은 다음 그림과 같이 변경한다.

09 팔레트의 [레이아웃] → [수평배치]를 선택하여 [검정선] 아래에 끌어다 놓는다. 컴포넌트
에 추가된 [수평배치]의 이름을 "수정틀"로 바꾸고, 속성은 다음 그림과 같이 변경한다.

⑩ 팔레트의 [사용자 인터페이스] → [레이블]을 선택하여 [수정틀] 안에 끌어다 놓는다. 컴 포넌트에 추가된 [레이블]의 이름을 "수정_레이블"로 바꾸고, 속성은 다음 그림과 같이 변경한다.

⑪ 팔레트의 [사용자 인터페이스] → [텍스트 상자]를 선택하여 [수정_레이블] 오른쪽에 끌 어다 놓는다. 컴포넌트에 추가된 [텍스트 상자]의 이름을 "수정_입력"으로 바꾸고, 속성 은 다음 그림과 같이 변경한다.

⑫ 팔레트의 [레이아웃] → [수평배치]를 선택하여 [수정틀] 아래에 놓는다. 컴포넌트에 추가된 [수평배치]의 이름을 "간격1"을 입력하고, 속성의 높이에 "1" percent를 입력한다.

⑬ 팔레트의 [레이아웃] → [수평배치]를 선택하여 [간격1] 아래에 끌어다 놓는다. 컴포넌트에 추가된 [수평배치]의 이름을 "필드명_틀"로 바꾸고, 속성은 다음 그림과 같이 변경한다.

⑭ 팔레트의 [사용자 인터페이스] → [레이블]을 선택하여 [필드명_틀] 안에 끌어다 놓는다. 컴포넌트에 추가된 [레이블]의 이름을 "수강생명"으로 바꾸고, 속성은 다음 그림과 같이 변경한다.

⑮ 팔레트의 [사용자 인터페이스] → [레이블]을 선택하여 [수강생명] 오른쪽에 끌어다 놓는다. 컴포넌트에 추가된 [레이블]의 이름을 "등급"으로 바꾸고, 속성은 다음 그림과 같이 변경한다.

⑯ 팔레트의 [레이아웃] → [수평배치]를 선택하여 [필드명_틀] 아래에 끌어다 놓는다. 컴포넌트에 추가된 [수평배치]의 이름을 "목록뷰틀"로 바꾸고, 속성은 다음 그림과 같이 변경한다.

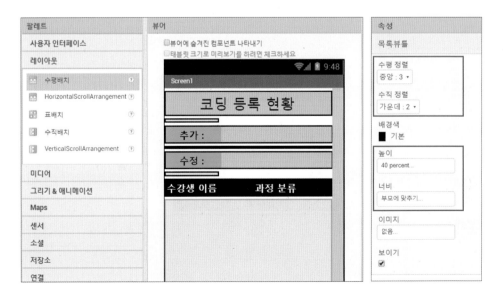

17 팔레트의 [사용자 인터페이스] → [목록 뷰]를 선택하여 [목록뷰틀] 안에 끌어다 놓는다. 컴포넌트에 추가된 [목록 뷰]의 이름을 "목록_뷰1"로 바꾸고, 속성은 다음 그림과 같이 변경한다.

18 팔레트의 [레이아웃] → [수평배치]를 선택하여 [목록뷰틀] 아래에 끌어다 놓는다. 컴포넌트에 추가된 [수평배치]의 이름을 "간격2"로 바꾸고, 속성의 높이에 "3" percent를 입력한다.

19 팔레트의 [레이아웃] → [수평배치]를 선택하여 [간격2] 아래에 끌어다 놓는다. 컴포넌트에 추가된 [수평배치]의 이름을 "버튼틀"로 바꾸고, 속성은 다음 그림과 같이 변경한다.

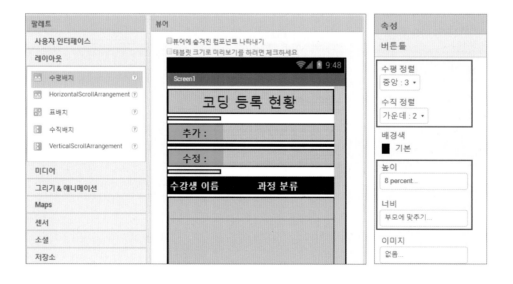

⑳ 팔레트의 [사용자 인터페이스] → [버튼]을 선택하여 [버튼틀] 안에 끌어다 놓는다. 컴포넌트에 추가된 [버튼]의 이름을 "추가"로 바꾸고, 속성은 다음 그림과 같이 변경한다.

㉑ 추가 버튼과 같은 방법으로 수정, 삭제, 통계 컴포넌트를 설계하고 속성은 텍스트 부분만 "수정", "삭제", "통계"로 변경한다.

22　팔레트의 [사용자 인터페이스] → [알림]을 선택하여 '뷰어'에 끌어다 놓는다. [알림] 컴포
넌트는 보이지 않는 컴포넌트이며, 컴포넌트 이름은 기본 값(알림1)으로 한다.

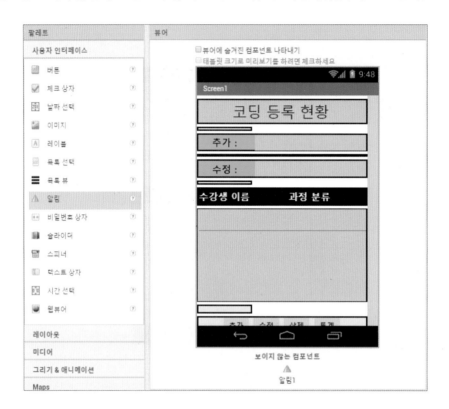

5. 전체 블록코딩 소스

언제 추가 .클릭
실행   리스트에 항목 추가하기 리스트   가져오기 global 명단
                          item   추가_입력 . 텍스트
       지정하기 목록_뷰1 . 요소 값   가져오기 global 명단

언제 수정 .클릭
실행   각각 반복 숫자 시작 1
             끝   리스트 길이 리스트   가져오기 global 명단
             간격 1
       실행   만약   추가_입력 . 텍스트 = 리스트에서 항목 선택하기 리스트   가져오기 global 명단
                                                         위치   가져오기 숫자
             그러면   리스트의 항목 교체하기 리스트   가져오기 global 명단
                                        위치   가져오기 숫자
                                        교체   수정_입력 . 텍스트
                     지정하기 목록_뷰1 . 요소 값   가져오기 global 명단
                     지정하기 추가_입력 . 텍스트 값 " "
                     break

언제 삭제 .클릭
실행   각각 반복 숫자 시작 1
             끝   리스트 길이 리스트   가져오기 global 명단
             간격 1
       실행   만약   추가_입력 . 텍스트 = 리스트에서 항목 선택하기 리스트   가져오기 global 명단
                                                         위치   가져오기 숫자
             그러면   리스트에서 항목 삭제하기 리스트   가져오기 global 명단
                                        위치   가져오기 숫자
                     지정하기 목록_뷰1 . 요소 값   가져오기 global 명단
                     지정하기 추가_입력 . 텍스트 값 " "
                     break

언제 통계 .클릭
실행   호출 알림1 .메시지창 나타내기
                  메시지   합치기   리스트 길이 리스트   가져오기 global 명단
                                  " 명 "
                  제목 " 수강 등록 통계 "
                  버튼 텍스트 " 확인 "

6. 블록코딩 소스 설명

(1) 전역변수 생성과 Screen1 초기화

명단 리스트 생성과 명단에 기본 입력 값 설정

01 [공통 블록] → [변수] → [전역변수 초기화 변수 이름 값] 블록을 선택하여 뷰어에 끌어다 놓고 변수 이름에 "명단"을 입력한 후 [공통 블록] → [리스트] → [🔧 빈 리스트 만들기] 블록과 연결하여 끼워 넣는다.

02 [블록] → [Screen1] 컴포넌트-[언제 Screen1 ▼ 초기화] 블록을 선택하여 뷰어에 끌어다 놓고 다음과 같은 블록을 끼워 넣는다.

- [공통 블록] → [변수] → [지정하기 global 명단▼ 값] 블록에 [공통 블록] → [리스트] → [🔧 리스트만들기] 블록을 끼워 넣고, 왼쪽 파란색 기호를 클릭하여 5개의 리스트 항목을 추가한다. [공통 블록] → [텍스트] → ["▢"] 블록을 각각 연결한 후 "김정화-앱 인벤터", "류미희-스크래치", "정수철-앱 인벤터", "임민수-앱 인벤터", "양지수-스크래치"를 입력한다.

- [블록] → [목록_뷰1] → [지정하기 목록_뷰1▼요소▼ 값] 블록에 [공통 블록] → [변수] → [가져오기 global 명단▼] 블록을 끼워 넣는다.

(2) 목록 뷰 선택 후

선택된 항목 표시하기

01 [블록] → [목록_뷰1] → [언제 목록_뷰1▼.선택 후] 블록을 선택하여 뷰어에 끌어다 놓고 [블록] → [추가_입력] → [지정하기 추가_입력▼.텍스트▼ 값] 블록에 [블록] → [목록_뷰1] → [목록_뷰1▼.선택된 항목] 블록을 끼워 넣는다.

(3) 추가 입력 포커스 받음과 추가 클릭

추가 입력을 명단 리스트에 추가

```
언제 추가_입력 ▼ .포커스 받음
실행   지정하기 추가_입력 ▼ . 텍스트 ▼ 값 " ⬜ "
```

```
언제 추가 ▼ .클릭
실행   ⚙ 리스트에 항목 추가하기 리스트   가져오기 global 명단 ▼
                            item   추가_입력 ▼ . 텍스트 ▼
       지정하기 목록_뷰1 ▼ . 요소 ▼ 값   가져오기 global 명단 ▼
```

01 [블록] → [추가_입력] → [언제 추가_입력 ▼ .포커스 받음] 블록을 선택하여 뷰어에 끌어다 놓고, [블록] → [추가_입력] → [지정하기 추가_입력 ▼ .텍스트 ▼ 값] 블록에 [공통 블록] → [텍스트] → ["□"] 블록을 끼워 넣는다. (추가 입력 시, 편리하도록 내용을 지움)

02 [블록] → [추가] → [언제 추가 ▼ .클릭] 블록을 선택하여 뷰어에 끌어다 놓고 다음과 같은 블록을 끼워 넣는다.

- [공통 블록] → [리스트] → [⚙ 리스트에 항목 추가하기] 블록의 리스트 부분에는 [공통 블록] → [변수] → [가져오기 global 명단 ▼], item 부분에는 [블록] → [추가_입력] → [추가_입력 ▼ .텍스트 ▼] 블록을 끼워 넣는다.
- [블록] → [목록_뷰1] → [지정하기 목록_뷰1 ▼ .요소 ▼ 값] 블록에 [공통 블록] → [변수] → [가져오기 global 명단 ▼] 블록을 끼워 넣는다.

(4) 수정 클릭

수정 입력란에 입력한 정보를 명단 리스트에서 찾아 수정

```
언제 수정 ▼ .클릭
실행   각각 반복 숫자 시작   1
                  끝   리스트 길이 리스트   가져오기 global 명단 ▼
                  간격   1
       실행   ⚙ 만약   추가_입력 ▼ . 텍스트 ▼ = ▼ 리스트에서 항목 선택하기 리스트   가져오기 global 명단 ▼
                                                            위치   가져오기 숫자 ▼
              그러면   리스트의 항목 교체하기 리스트   가져오기 global 명단 ▼
                                      위치   가져오기 숫자 ▼
                                      교체   수정_입력 ▼ . 텍스트 ▼
                    지정하기 목록_뷰1 ▼ . 요소 ▼ 값   가져오기 global 명단 ▼
                    지정하기 추가_입력 ▼ . 텍스트 ▼ 값 " ⬜ "
                    break
```

01 [블록] → [수정] → [언제 수정▼.클릭] 블록을 선택하여 뷰어에 끌어다 놓고 다음과 같은 블록들을 끼워 넣는다.

- [공통 블록] → [제어] → [각각 반복 숫자] 블록의 끝 부분에 [공통 블록] → [리스트] → [리스트 길이 리스트], [공통 블록] → [변수] → [가져오기 global 명단▼] 블록을 연결하여 끼워 넣는다.

- [각각 반복 숫자] 블록에 [공통 블록] → [제어] → [⚙ 만일 그러면] 블록을 끼워 넣고 다음과 같은 블록을 연결한다.

- [⚙ 만일 그러면] 블록의 만일 부분에는 [공통 블록] → [수학] → [□=▼□], [블록] → [추가_입력] → [추가_입력▼.텍스트▼], [공통 블록] → [리스트] → [리스트 항목에서 선택하기] 블록을 연결하여 끼워 넣고, [리스트 항목에서 선택하기] 블록의 리스트 부분에는 [공통 블록] → [변수] → [가져오기 global 명단▼], 위치 부분에는 [각각 반복 숫자] → [가져오기 숫자▼] 블록을 연결하여 끼워 넣는다.

- [⚙ 만일 그러면] 블록의 그러면 부분에는 첫째, [공통 블록] → [리스트] → [리스트 이 항목 교체하기] 블록을 끼워 넣고 리스트에는 [공통 블록] → [변수] → [가져오기 global 명단▼], 위치에는 [각각 반복 숫자] → [가져오기 숫자▼], 교체에는 [블록] → [수정_입력] → [수정_입력▼.텍스트] 블록을 연결하여 끼워 넣는다.

- 둘째, [블록] → [목록_뷰1▼] → [지정하기 목록_뷰1▼.요소▼ 값] 블록에 [공통 블록] → [변수] → [가져오기 global 명단▼] 블록을 끼워 넣는다.

- 셋째, [블록] → [추가_입력] 컴포넌트-[지정하기 추가_입력▼.텍스트▼ 값] 블록에 [공통 블록] → [텍스트] → ["□"] 블록을 끼워 넣는다.

- 넷째, [공통 블록] → [제어] → [break] 블록을 끼워 넣는다.

(5) 삭제 클릭

추가 입력에 입력된 정보를 명단 리스트에서 찾아 삭제

01 [블록] → [삭제] → [언제 삭제▼.클릭] 블록을 선택하여 뷰어에 끌어다 놓고 다음과 같은
블록을 끼워 넣는다.

- [공통 블록] → [제어] → [각각 반복 숫자] 블록의 끝 부분에는 [공통 블록] → [리스트]
  → [리스트 길이 리스트], [공통 블록] → [변수] → [가져오기 global 명단▼] 블록을 연결
  하여 끼워 넣는다.

- [각각 반복 숫자] 블록에 [공통 블록] → [제어] → [🔧 만일 그러면] 블록을 끼워 넣고 다
  음과 같은 블록을 연결한다.

- [🔧 만일 그러면] 블록의 만일 부분에는 [공통 블록] → [수학] → [□=▼□], [블록] →
  [추가_입력] → [추가_입력▼.텍스트▼], [공통 블록] → [리스트] → [리스트 항목에서 선
  택하기] 블록을 연결하여 끼워 넣고, [리스트 항목에서 선택하기] 블록의 리스트 부분에는
  [공통 블록] → [변수] → [가져오기 global 명단▼], 위치 부분에는 [각각 반복 숫자] → [가
  져오기 숫자▼] 블록을 연결하여 끼워 넣는다.

- [🔧 만일 그러면] 블록의 그러면 부분에는 첫째, [공통 블록] → [리스트] → [리스트에서
  항목 삭제하기] 블록을 끼워 넣고 리스트 에는 [공통 블록] → [변수] → [가져오기 global
  명단▼], 위치에는 [각각 반복 숫자] → [가져오기 숫자▼] 블록을 연결하여 끼워 넣는다.

- 둘째, [블록] → [목록_뷰1] → [지정하기 목록_뷰1▼.요소▼ 값] 블록에 [공통 블록] →
  [변수] → [가져오기 global 명단▼] 블록을 끼워 넣는다.

- 셋째, [블록] → [추가_입력] → [지정하기 추가_입력▼.텍스트▼ 값] 블록에 [공통 블록]
  → [텍스트] → ["□"] 블록을 끼워 넣는다.

- 넷째, [공통 블록] → [제어] → [break] 블록을 끼워 넣는다.

(6) 통계 클릭

명단 리스트에 저장된 인원수 합 계산

01 [블록] → [통계] → [언제 통계▼.클릭] 블록을 선택하여 뷰어에 끌어다 놓고 다음과 같은
블록을 끼워 넣는다.

- [블록] → [알림1] → [호출 알림1 ▾.메시지창 나타내기] 블록의 메시지에는 [공통 블록] → [텍스트] → [⚙ 합치기] 블록을 연결하고, [⚙ 합치기] 블록의 첫 번째 항목에는 [공통 블록] → [리스트] → [리스트 길이], [공통 블록] → [변수] → [가져오기 global 명단 ▾] 블록을 연결하여 끼워 넣고, 두 번째 항목에는 [공통 블록] → [텍스트] → ["□"] 블록을 연결한 후 "명"을 입력한다.
- [호출 알림1 ▾.메시지창 나타내기] 블록의 제목에는 [공통 블록] → [텍스트] → ["□"] 블록을 연결한 후 "수강 등록 통계"를 입력한다.
- [호출 알림1 ▾.메시지창 나타내기] 블록의 버튼 텍스트에는 [공통 블록] → [텍스트] → ["□"] 블록을 연결한 후 "확인"을 입력한다.

연습 문제

1. **목록 뷰 컴포넌트와 List를 이용하여 아래의 출력형태와 같은 앱을 만들어 봅시다.**

> 입력과 변경 값에 입력된 텍스트를 이용하여 리스트에 추가, 수정, 삭제할 수 있으며, 리스트에 저장된 항목 수가 출력되도록 아래의 출력 형태를 참조한다.

※ 디자인은 출력형태를 토대로 자유롭게 설계한다.

- 프로젝트명: ch_09_ex_01

컴포넌트	속성 및 조건
레이블	제목 등 완성 앱 참조하여 자유롭게 설정
수평배치	선, 간격, 1개 이상의 컴포넌트 배치에 사용
텍스트 상자	텍스트 입력 및 List 길이 통계
목록 뷰	List에 저장된 데이터를 요소로 설정
버튼	List에 데이터 추가, 수정, 삭제, 목록(보이기/숨기기)

2. **리스트와 목록 뷰 컴포넌트를 이용하여 아래의 출력형태와 같은 앱을 만들어 봅시다.**

> 커피 종류와 가격을 두 개의 list에 저장하여 두 개의 목록 뷰에 연결시키고, 버튼을 이용하여 이벤트를 표시한다.

※ 디자인은 출력형태를 토대로 자유롭게 설계한다.

- 프로젝트명: ch_09_ex_02

컴포넌트	속성 및 조건
레이블	제목, 메뉴, 이벤트 지정에 사용
수평배치	1개 이상의 컴포넌트 배치에 사용
목록 뷰	list에 저장 된 메뉴와 가격을 두 개의 목록 뷰의 기본 요소로 설정
버튼	클릭하여 이벤트 내용을 버튼에 표시

3. **리스트와 슬라이더 컴포넌트를 이용하여 아래의 출력형태와 같은 앱을 만들어 봅시다.**

> 목록 선택 컴포넌트에 등록된 이미지 파일을 선택하면 이미지가 화면에 표시되고, 슬라이더에 의해 이미지의 크기를 조절할 수 있다.

※ 디자인은 출력형태를 토대로 자유롭게 설계한다.

- 프로젝트명: ch_09_ex_03

컴포넌트	속성 및 조건
레이블	제목 지정
목록 선택	list에 저장된 새 이미지 파일을 기본 요소로 설정
슬라이더	선택된 새 이미지의 크기를 슬라이더로 지정
이미지	목록 선택 컴포넌트에서 선택한 새 이미지가 화면에 표시

4. **리스트와 이미지 컴포넌트를 이용하여 아래의 출력형태와 같은 앱을 만들어 봅시다.**

> 입력 버튼을 클릭하면 비밀번호가 자동으로 생성되어 입력되고, 자물쇠가 잠긴 이미지에서 열린 이미지로 바뀐다. 입력된 비밀번호를 지우기 위해서는 초기화 버튼을 클릭한다.

※ 디자인은 출력형태를 토대로 자유롭게 설계한다.

- 프로젝트명: ch_09_ex_04

컴포넌트	속성 및 조건
레이블	제목 등의 레이블에 지정
이미지	비밀번호로 잠금 설정했을 때와 설정된 비밀번호를 입력하였을 때의 이미지 지정 이미지 파일 : Lock2.png, Lock3.png
텍스트 상자	입력 버튼을 클릭하면 비밀번호가 자동으로 생성되어 입력
버튼	비밀번호 입력, 비밀번호 초기화 지정

App Inventer

CHAPTER **10 조건문을 사용한 앱 만들기**

CHAPTER 10에서는 조건문의 의미, 기능, 종류에 대해 알아보고, 조건문을 활용한 꽃말 선택하기 앱과 가위 바위 보 게임 앱을 만들어보도록 한다.

조건문 익히기

1. 논리식에 대해 설명할 수 있다.
2. 조건식에 참, 거짓에 따라 명령의 수행을 달리 할 수 있다.
3. 논리 블록을 활용하여 앱을 만들 수 있다.

1. 조건문

(1) 조건문의 정의

조건에 따라 참과 거짓을 판별할 수 있는 식을 조건문이라고 한다. 프로그래밍에서는 조건식의 참, 거짓에 따라 수행할 명령이 선택된다.

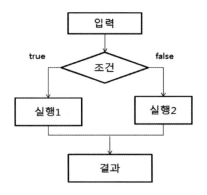

(2) 조건문의 종류

■ 단순 선택형

단순히 조건을 만족하면 실행되는 조건문으로 거짓일 경우 실행될 명령이 존재하지 않는다. "평균이 80점 이상일 경우 Pass를 출력한다."

■ **양자 선택형**

조건에 따라 참일 때와 거짓일 때 각각 실행할 명령이 있는 조건문을 뜻한다.

"평균이 80점 이상일 경우 Pass, 80점 미만일 경우 Fail을 출력한다."

■ **다중 선택형**

조건이 여러 개일 경우를 뜻하는 것으로, 조건에 따라 참과 거짓이 존재한다.

"평균이 90 이상일 경우 A, 평균이 80 이상일 경우 B, 평균이 70 이상일 경우 C, 평균이 60 이상일 경우 D, 60 미만일 경우 F를 출력한다."

(3) 조건문의 블록

앱 인벤터의 조건문에 사용되는 블록에 대해 알아보도록 한다.

01 [공통 블록] → [제어] → [만약~이라면] 블록을 뷰어에 끌어다 놓는다. 단순 선택형이라면 이 블록을 이용하여 조건과 조건에 따른 실행을 적용하면 된다.

02 양자 택일형 조건문을 만들 경우에는 함수 블록의 좌측 상단에 있는 🔧 을 클릭하면 추가 블록을 설정할 수 있다. [아니면] 블록을 [만약] 블록에 끌어다 놓는다.

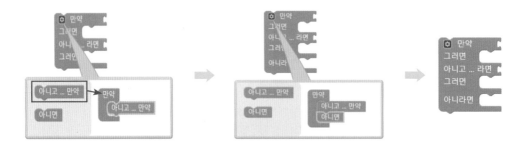

03 다중 선택형 조건문을 만들 경우에는 다음과 같이 지정한다.

- 만약 ~이라면 ~이고, 만약 ~라면 ~이다.

  [아니고…만일] 블록을 [만약] 블록에 끌어다 놓으면 조건을 중첩으로 지정할 수 있다.

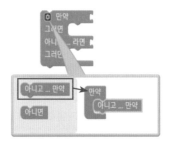

04 만약 ~이라면 ~이고, 만약 ~라면 ~이고 아니면 ~이다.

[아니고…만일] 블록을 [만약] 블록에 끌어다 놓으면 조건을 중첩으로 지정할 수 있다. 조건의 개수에 따라 [아니고…만일] 블록을 [만약] 블록에 추가한 이후에 [아니오] 블록을 [만약] 블록에 추가할 수 있다.

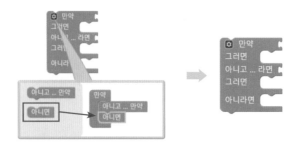

 **SECTION 2**

꽃말 선택하기 프로젝트

학습목표

1. 조건문이 무엇인지 알고 설명할 수 있다.
2. 조건문 블록의 종류가 무엇인지 알고 활용할 수 있다.
3. 체크 상자를 이용하는 방법에 대해 살펴보도록 한다.
4. 조건문을 사용하여 앱을 만들 수 있다.

프로젝트 이름: flow_lang

이번 SECTION에서는 꽃 이름에 해당하는 체크 상자를 선택하면 해당 꽃말이 결과로 출력되는 앱을 만들어보도록 한다.

1. 프로젝트 설계

프로젝트 개요	1. 체크 상자 생성 2. 선택된 체크 상자에 따라 꽃 선택 3. 선택된 꽃의 꽃말 선택하기 4. 결과 출력
사용하는 프로그래밍 요소	1. 체크 상자: 꽃 선택(개체 선택) 2. 조건문 : 꽃 선택에 따른 꽃말 선택

2. 완성 앱 미리 보기

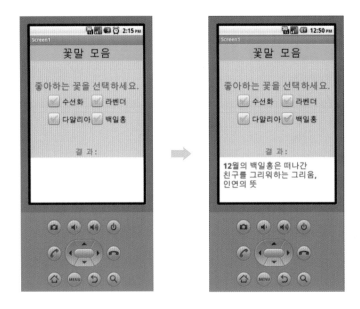

3. 디자인 설계

4. 컴포넌트 설계

flow_lang 앱을 만들기 위해 필요한 컴포넌트와 속성은 다음 표를 참고한다.

컴포넌트	이름 수정	속성
Screen1		수평 정렬: 중앙, 배경색: 밝은 회색
레이블	제목	배경색: 초록, 글꼴 굵게 : 체크 표시, 글꼴 크기: 30, 너비: 부모에 맞추기, 텍스트: 꽃말 모음, 텍스트 정렬: 가운데
수평배치	간격1	높이: 10 percent
레이블	문제레이블	글꼴 크기: 25, 텍스트: 좋아하는 꽃을 선택하세요.
표 배치	표배치1	열: 4, 높이: 20 percent
체크 상자	수선화	글꼴 굵게: 체크 표시, 글꼴 크기: 20, 높이: 10 percent, 텍스트: 수선화
체크 상자	라벤더	글꼴 굵게: 체크 표시, 글꼴 크기: 20, 높이: 10 percent, 텍스트: 라벤더
체크 상자	다알리아	글꼴 굵게: 체크 표시, 글꼴 크기: 20, 높이: 10 percent, 텍스트: 다알리아
체크 상자	백일홍	글꼴 굵게: 체크 표시, 글꼴 크기: 20, 높이: 10 percent, 텍스트: 백일홍
수평배치	간격2	높이: 10 percent
레이블	결과레이블	글꼴 굵게: 체크 표시, 글꼴 크기: 20, 텍스트: 결 과: 텍스트 색상: 빨강
수평배치	결과틀	높이: 30 percent, 너비: 부모에 맞추기
텍스트 상자	선택_결과	배경색 : 흰색, 글꼴 굵게: 체크 표시, 글꼴 크기: 22, 힌트: (공백), 텍스트 색상: 파랑

01 상단 메뉴의 [프로젝트 ▼] → [새 프로젝트 시작하기]를 클릭하여 프로젝트 이름에 "flow_lang"를 입력하고 [확인] 버튼을 누른다.

02 Screen1의 속성에서 수평 정렬에 [중앙], 배경색을 [밝은 회색]으로 변경한다.

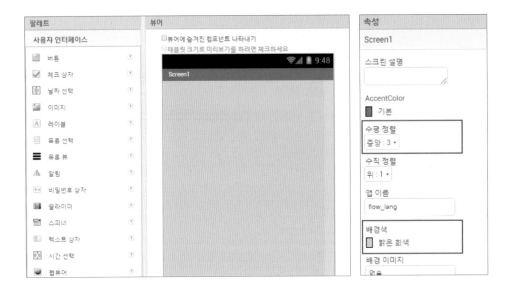

03 [팔레트]의 [사용자 인터페이스] → [레이블]을 뷰어로 끌어다 놓는다. 컴포넌트에 추가된
[레이블1]을 선택한 후 아래 [이름 바꾸기] 버튼을 누른다. 다음, 새 이름에 "제목"을 입력
한 후 [확인] 버튼을 누른다. 속성은 다음 그림과 같이 변경한다.

04 [팔레트] → [레이아웃] → [수평배치]를 [제목] 아래로 끌어다 놓고 [이름 바꾸기] 버튼을 누른다. 다음, 새 이름에 "간격1"을 입력한 후 [확인] 버튼을 누른다. 속성은 다음 그림과 같이 변경한다.

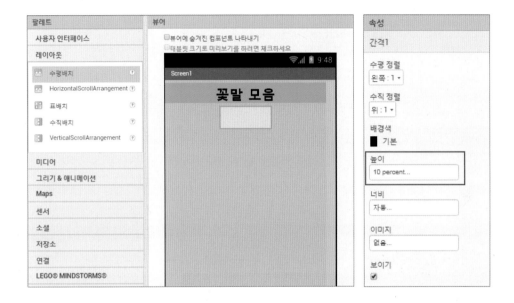

05 [팔레트] → [사용자 인터페이스] → [레이블]을 [간격1] 아래로 끌어다 놓는다. [이름 바꾸기] 버튼을 누르고 새 이름에 "문제레이블"을 입력한 후 [확인] 버튼을 누른다. 속성은 다음 그림과 같이 변경한다.

06 [팔레트] → [레이아웃] → [표배치]를 [문제레이블] 아래로 끌어다 놓는다. 속성은 다음 그림과 같이 변경한다.

07 [팔레트] → [사용자 인터페이스] → [체크 상자]를 [표배치1]의 '1행1열'로 끌어다 놓는다. [이름 바꾸기] 버튼을 누르고, 새 이름에 "수선화"를 입력한 후 [확인] 버튼을 누른다. 속성은 다음 그림과 같이 변경한다.

08 [팔레트] → [사용자 인터페이스] → [체크 상자]를 [표배치1]의 '1행3열'로 끌어다 놓는다. [이름 바꾸기] 버튼을 누르고, 새 이름에 "라벤더"를 입력한 후 [확인] 버튼을 누른다. 속성은 다음 그림과 같이 변경한다.

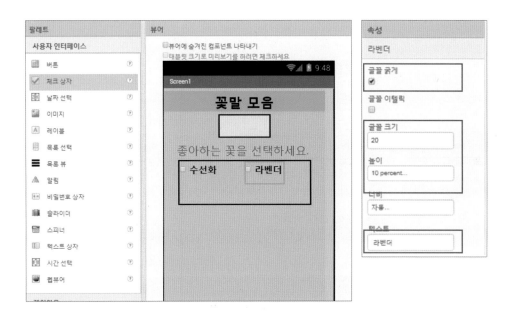

09 [팔레트] → [사용자 인터페이스] → [체크 상자]를 [표배치1]의 '2행1열'로 끌어다 놓는다. [이름 바꾸기] 버튼을 누르고, 새 이름에 "다알리아"를 입력한 후 [확인] 버튼을 누른다. 속성은 다음 그림과 같이 변경한다.

⑩ [팔레트] → [사용자 인터페이스] → [체크 상자]를 [표배치1]의 '2행3열'로 끌어다 놓는다.
[이름 바꾸기] 버튼을 누르고, 새 이름에 "백일홍"을 입력한 후 [확인] 버튼을 누른다. 속
성은 다음 그림과 같이 변경한다.

⑪ [팔레트] → [레이아웃] → [수평배치]를 [표배치1] 아래로 끌어다 놓는다. [이름 바꾸기]
버튼을 누르고, 새 이름에 "간격2"를 입력한 후 [확인] 버튼을 누른다. 속성은 다음 그림
과 같이 변경한다.

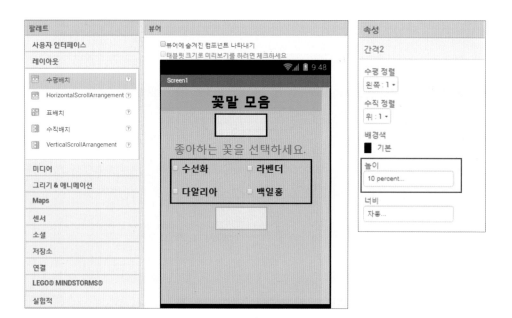

12 [팔레트] → [사용자 인터페이스] → [레이블]을 [간격2] 아래로 끌어다 놓는다. [이름 바꾸기] 버튼을 누르고, 새 이름에 "결과레이블"을 입력한 후 [확인] 버튼을 누른다. 속성은 다음 그림과 같이 변경한다.

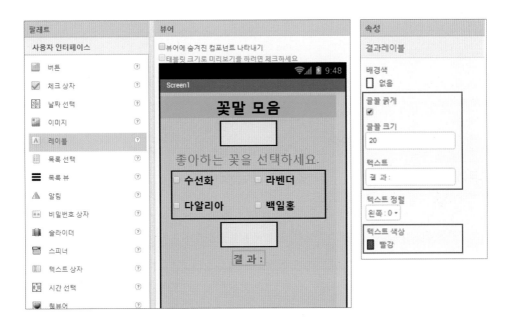

13 [팔레트] → [레이아웃] → [수평배치]를 [결과레이블] 아래로 끌어다 놓는다. [이름 바꾸기] 버튼을 누르고, 새 이름에 "결과틀"을 입력한 후 [확인] 버튼을 누른다. 속성은 다음 그림과 같이 변경한다.

14 [팔레트] → [사용자 인터페이스] → [텍스트 상자]를 [결과틀] 아래로 끌어다 놓는다. [이름 바꾸기] 버튼을 누르고, 새 이름에 "선택_결과"를 입력한 후 [확인] 버튼을 누른다. 속성은 다음 그림과 같이 변경한다.

5. 전체 블록코딩 소스

6. 블록코딩 소스 설명

■ 제어	■ 논리	■ 수학	■ 텍스트
■ 컴포넌트 속성			

(1) 수선화 블록

수선화 선택 시 수선화 꽃말 표시하기

01 [블록] → [수선화] → [언제 수선화▼.변경] 블록을 선택하여 뷰어에 놓고 다음과 같은 항목을 끼워 넣는다.

- [공통 블록] → [제어] → [🔧 만약 그러면] 블록을 클릭하여 [언제 수선화▼.변경] 블록에 끼워 넣는다.

- [공통 블록] → [수학] → [□=▼ □] 블록을 [공통 블록] → [제어] → [만약 그러면] 블록의 만약에 연결한 후 왼쪽에 [블록] → [수선화] → [수선화▼.선택 여부] 블록을, 오른쪽에는 [공통블록] → [논리] → [참] 블록을 끼워 넣는다.

- [블록] → [선택_결과] → [지정하기 선택_결과▼.텍스트▼ 값] 블록을 [제어] → [만약 그러면] 블록의 그러면에 끼워 넣고 [공통 블록] → [텍스트] → ["□"] 블록을 연결한 후 "1월의 수선화는 사랑에 답하여라는 뜻"을 입력한다.

- [블록] → [라벤더] → [지정하기 라벤더▼.선택 여부▼ 값] 블록을 [제어] → [만약 그러면] 블록의 그러면에 끼워 넣고 [공통블록] → [논리] → [거짓] 블록을 연결한다.

- [블록] → [백일홍] → [지정하기 백일홍▼.선택 여부▼ 값] 블록을 [제어] → [만약 그러면] 블록의 그러면에 끼워 넣고 [공통블록] → [논리] → [거짓] 블록을 연결한다.

- [블록] → [다알리아] → [지정하기 다알리아▼.선택 여부▼ 값] 블록을 [제어] → [만약 그러면] 블록의 그러면에 끼워 넣고 [공통블록] → [논리] → [거짓] 블록을 연결한다.

(2) 라벤더 블록

라벤더 선택 시 라벤더 꽃말 표시하기

01 [블록] → [라벤더] → [언제 라벤더▼ 변경] 블록을 선택하여 뷰어에 놓고 다음과 같은 항목을 끼워 넣는다.

- [공통 블록] → [제어] → [⚙ 만약 그러면] 블록을 클릭하여 [언제 라벤더▼.변경] 블록에 끼워 넣는다.

- [공통 블록] → [수학] → [□=▼ □] 블록을 [공통 블록] → [제어] → [만약 그러면] 블록의 만약에 연결한 후 왼쪽에 [블록] → [라벤더] → [라벤더▼.선택 여부] 블록을, 오른쪽에는 [공통블록] → [논리] → [참] 블록을 끼워 넣는다.

- [블록] → [선택_결과] → [지정하기 선택_결과▼.텍스트▼ 값] 블록을 [제어] → [만약 그러면] 블록의 그러면에 끼워 넣고 [공통 블록] → [텍스트] → ["□"] 블록을 연결한 후 "7월의 라벤더는 침묵이라는 뜻"을 입력한다.

- [블록] → [라벤더] → [지정하기 수선화▼.선택 여부▼ 값] 블록을 [제어] → [만약 그러면] 블록의 그러면에 끼워 넣고 [공통블록] → [논리] → [거짓] 블록을 연결한다.
- [블록] → [백일홍] → [지정하기 백일홍▼.선택 여부▼ 값] 블록을 [제어] → [만약 그러면] 블록의 그러면에 끼워 넣고 [공통블록] → [논리] → [거짓] 블록을 연결한다.
- [블록] → [다알리아] → [지정하기 다알리아▼.선택 여부▼ 값] 블록을 [제어] → [만약 그러면] 블록의 그러면에 끼워 넣고 [공통블록] → [논리] → [거짓] 블록을 연결한다.

(3) 백일홍 블록

백일홍 선택 시 백일홍 꽃말 표시하기

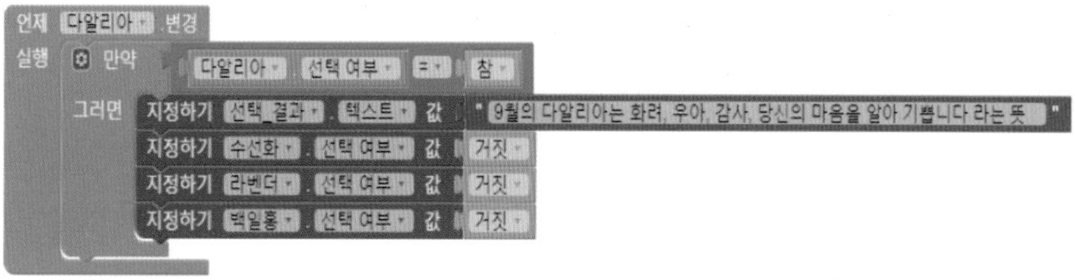

(4) 다알리아 블록

다알리아 선택 시 다알리아 꽃말 표시하기

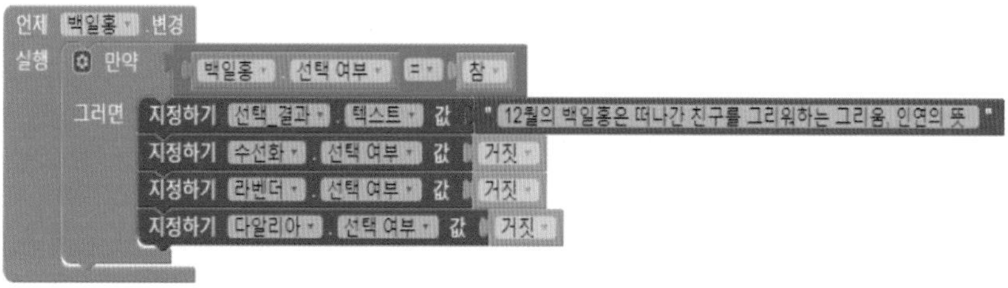

3, 4번 블록은 1, 2번 블록을 참조하면 쉽게 만들 수 있다.

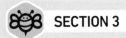

SECTION 3

가위 바위 보 게임

학습목표

1. 조건문이 무엇인지 알고 설명할 수 있다.
2. 조건문 블록의 종류가 무엇인지 알고 활용할 수 있다.
3. 조건문을 사용하여 앱을 만들 수 있다.

프로젝트 이름: ROCK_SC_PA

이번 SECTION에서는 여러 개의 단순 선택형 조건문을 활용하여 가위 바위 보 게임 앱을 만들어보도록 한다.

시작 버튼을 누르면 가위 바위 보 게임이 시작되고, 가위, 바위, 보 버튼을 클릭하면 승, 패, 비김을 확인할 수 있다.

1. 프로젝트 설계

프로젝트 개요	1. 시작 버튼 만들기 2. 스크린 생성 3. 가위, 바위, 보 버튼 생성 4. 가위, 바위, 보 버튼에 따라 승, 패, 비김 코딩하기 5. 결과 출력
사용하는 프로그래밍 요소	1. 버튼 생성을 생성하여 이벤트 구현 2. 전역 변수 : score 변수 생성 3. 조건문 : 가위, 바위, 보에 따른 승패의 판단

2. 완성 앱 미리 보기

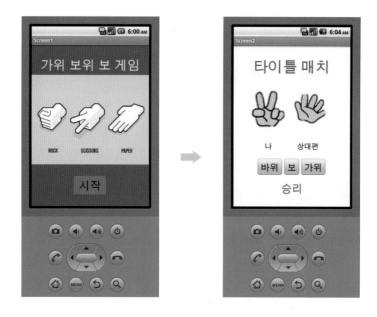

3. 디자인 설계

- Screen1

■ Screen2

4. 컴포넌트 설계

Rock_SC_PA 앱을 만들기 위해 필요한 컴포넌트와 속성은 다음 표를 참고한다.

■ Screen1

컴포넌트	이름 수정	속성
Screen1		수평 정렬: 중앙, 수직 정렬: 가운데, 배경색: 파랑
레이블	제목	글꼴 굵게 : 체크 표시, 글꼴 크기: 35, 텍스트: 가위 바위 보 게임, 텍스트 색상: 흰색
이미지	Image1	높이: 50 percent, 너비: 부모에 맞추기, 사진: rock_paper_scissors.png
수평배치	수평배치1	높이: 6 percent
버튼	게임_시작	배경색: 자홍색, 글꼴 크기: 30, 높이: 12 percent, 너비: 30 percent, 텍스트: 시작, 텍스트 정렬: 가운데

■ Screen2

컴포넌트	이름 수정	속성
Screen2		수평 정렬: 중앙, 수직 정렬: 가운데
레이블	제목	글꼴 굵게 : 체크 표시, 글꼴 크기: 40, 텍스트: 타이틀 매치, 텍스트 색상: 파랑
Horizontal Arrangement	수평배열1	높이: 35 percent, 너비: 75 percent
이미지	Image2	높이: 부모에 맞추기, 너비: 35 percent
이미지	Image3	높이: 부모에 맞추기, 너비: 35 percent
수평배치	수평배치1	수평 정렬: 중앙, 높이: 10 percent, 너비: 70 percent
레이블	레이블1	글꼴 크기: 20, 텍스트: 나
수평배치	수평배치2	너비: 20 percent
레이블	레이블2	글꼴 크기: 20, 텍스트: 상대편
HorizontalAr-rangement	수평배열2	높이: 10 percent
버튼	바위	글꼴 크기: 25, 텍스트: 바위
버튼	보	글꼴 크기: 25, 텍스트: 보
버튼	가위	글꼴 크기: 25, 텍스트: 가위
수평배치	수평배치3	높이: 2 percent,
레이블	결과	글꼴 굵게: 체크 표시, 글꼴 크기: 30, 텍스트: 모두 지움, 높이: 텍스트 색상: 파랑

01 [프로젝트 ▼] → [새 프로젝트 시작하기]를 클릭하여 프로젝트 이름에 "ROCK_SC_PA"를 입력하고 [확인] 버튼을 누른다.

02 [Screen1] 속성을 다음 그림과 같이 변경한다.

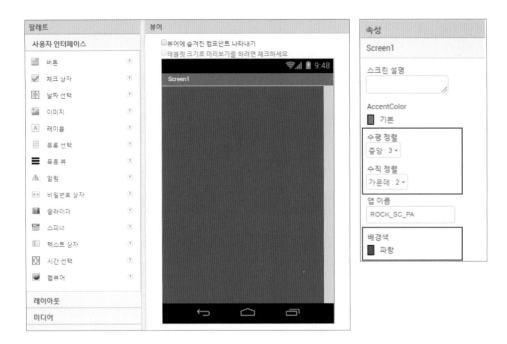

03 [팔레트] → [사용자 인터페이스] → [레이블]을 뷰어로 끌어다 놓는다. [이름 바꾸기] 버튼을 누르고, 새 이름에 "제목"을 입력한 후 [확인] 버튼을 누른다. 속성은 다음 그림과 같이 변경한다.

04 [팔레트] → [사용자 인터페이스] → [이미지]를 [제목] 아래로 끌어다 놓는다. [이름 바꾸기] 버튼을 누르고, 새 이름에 "Image1"을 입력한 후 [확인] 버튼을 누른다. 속성은 다음 그림과 같이 변경한다. 속성의 사진에 'rock_paper_scissors.png'를 선택한다.

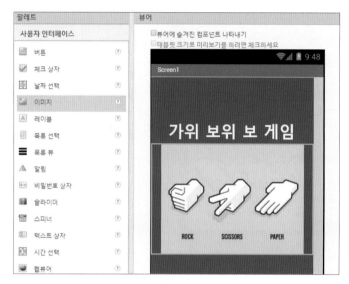

※ 참고 : 컴포넌트 밑의 미디어에서 [파일 올리기] 버튼을 눌러 4개의 파일을 미디어에 추가한다. 그 후에 이미지 컴포넌트의 속성에 사진을 추가한다.

05 [팔레트] → [레이아웃] → [수평배치]를 [Image1] 아래로 끌어다 놓는다. 속성은 다음 그림과 같이 변경한다.

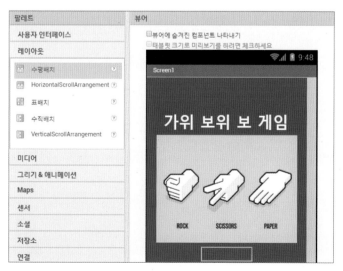

06 [팔레트] → [사용자 인터페이스] → [버튼]을 [수평배치1] 아래로 끌어다 놓는다. [이름 바꾸기] 버튼을 누르고, 새 이름에 "게임_시작"을 입력한 후 [확인] 버튼을 누른다. 속성은 다음 그림과 같이 변경한다.

07 메뉴에서 [스크린 추가]를 누른다. [새 스크린] 대화상자에 스크린 이름에 "Screen2"를 입력하고 [확인] 버튼을 누른다.

08 [Screen2] 속성을 다음 그림과 같이 변경한다.

09 [팔레트] → [사용자 인터페이스] → [레이블]을 뷰어로 끌어다 놓는다. [이름 바꾸기] 버튼을 누르고, 새 이름에 "제목"을 입력한 후 [확인] 버튼을 누른다. 속성은 다음 그림과 같이 변경한다.

10 [팔레트] → [레이아웃] → [HorizontalArrangement]를 [제목] 아래로 끌어다 놓은 후 이름을 "수평배열1"로 변경한다. 속성은 다음 그림과 같이 변경한다.

11 [팔레트] → [사용자 인터페이스] → [이미지]를 [수평배열1] 안에 끌어다 놓는다. [이름 바꾸기] 버튼을 누르고, 새 이름에 "Image2"를 입력한 후 [확인] 버튼을 누른다. 속성은 다음 그림과 같이 변경한다.

⑫ [팔레트] → [사용자 인터페이스] → [이미지]를 [Image2] 오른쪽에 끌어다 놓는다. [이름 바꾸기] 버튼을 누르고, 새 이름에 "Image3"를 입력한 후 [확인] 버튼을 누른다. 속성은 다음 그림과 같이 변경한다.

⑬ [팔레트] → [레이아웃] → [수평배치]를 [Image3] 아래로 끌어다 놓는다. 속성은 다음 그림과 같이 변경한다.

14 [팔레트] → [사용자 인터페이스] → [레이블]을 [수평배치1] 안으로 끌어다 놓는다. 속성
은 다음 그림과 같이 변경한다.

15 [팔레트] → [레이아웃] → [수평배치]를 [레이블1] 오른쪽에 끌어다 놓는다. 속성은 다음
그림과 같이 변경한다.

16 [팔레트] → [사용자 인터페이스] → [레이블]을 [수평배치2] 오른쪽으로 끌어다 놓는다.

17 [팔레트] → [레이아웃] → [HorizontalArrangement]를 [수평배치1] 아래로 끌어다 놓은
후 이름을 "수평배열2"로 변경한다. 속성은 다음 그림과 같이 변경한다.

18 [팔레트] → [사용자 인터페이스] → [버튼]을 [수평배열2] 안으로 끌어다 놓는다. [이름 바꾸기] 버튼을 누르고, 새 이름에 "바위"를 입력한 후 [확인] 버튼을 누른다.

19 같은 방법으로 [버튼]을 두 개 더 만들어 이름을 "보", "가위"로 설정한다. 바위 버튼과 같게 오른쪽 속성에서 글꼴 크기 "20", 텍스트에 차례로 "보", "가위"를 입력한다.

20 [팔레트] → [레이아웃] → [수평배치]를 [수평배열2] 아래로 끌어다 놓는다. 속성은 다음 그림과 같이 변경한다.

21 [팔레트] → [사용자 인터페이스] → [레이블]을 [수평배치3] 밑으로 끌어다 놓는다. 컴포넌트에 추가된 [레이블3]을 선택한 후 아래 [이름 바꾸기] 버튼을 누른다. 다음 새 이름에 "결과"를 입력하고, [확인] 버튼을 누른다.

5. 전체 블록코딩 소스

■ Screen1

언제 게임_시작 . 클릭
실행 다른 스크린 열기 스크린 이름 " Screen2 "

■ Screen2

전역변수 초기화 score 값 0

언제 바위 . 클릭
실행 지정하기 Image2 . 사진 . 값 " rock.png "
지정하기 global score . 값 임의의 정수 시작 1 끝 3
만약 가져오기 global score . = . 3
그러면 지정하기 Image3 . 사진 . 값 " scissors.png "
지정하기 결과 . 텍스트 . 값 " 승리 "
만약 가져오기 global score . = . 2
그러면 지정하기 Image3 . 사진 . 값 " paper.png "
지정하기 결과 . 텍스트 . 값 " 패 "
만약 가져오기 global score . = . 1
그러면 지정하기 Image3 . 사진 . 값 " rock.png "
지정하기 결과 . 텍스트 . 값 " 비김 "

언제 보 . 클릭
실행 지정하기 Image2 . 사진 . 값 " paper.png "
지정하기 global score . 값 임의의 정수 시작 1 끝 3
만약 가져오기 global score . = . 3
그러면 지정하기 Image3 . 사진 . 값 " scissors.png "
지정하기 결과 . 텍스트 . 값 " 패 "
만약 가져오기 global score . = . 2
그러면 지정하기 Image3 . 사진 . 값 " paper.png "
지정하기 결과 . 텍스트 . 값 " 비김 "
만약 가져오기 global score . = . 1
그러면 지정하기 Image3 . 사진 . 값 " rock.png "
지정하기 결과 . 텍스트 . 값 " 승리 "

언제 가위 . 클릭
실행 지정하기 Image2 . 사진 . 값 " scissors.png "
지정하기 global score . 값 임의의 정수 시작 1 끝 3
만약 가져오기 global score . = . 3
그러면 지정하기 Image3 . 사진 . 값 " scissors.png "
지정하기 결과 . 텍스트 . 값 " 비김 "
만약 가져오기 global score . = . 2
그러면 지정하기 Image3 . 사진 . 값 " paper.png "
지정하기 결과 . 텍스트 . 값 " 승리 "
만약 가져오기 global score . = . 1
그러면 지정하기 Image3 . 사진 . 값 " rock.png "
지정하기 결과 . 텍스트 . 값 " 패 "

6. 블록코딩 소스 설명

- Screen1

(1) 게임_시작 블록

다른 Screen으로 화면을 전환

01 [블록] 목록에서 [버튼]을 클릭하여 뷰어에 블록이 표시되면 [언제 게임_시작▼.클릭] 블록을 선택한 후 다음 블록을 끼워 넣는다.

- [공통 블록] → [제어] → [다른 스크린 열기 스크린 이름] 블록에 [공통 블록] → [텍스트] → ["□"] 블록을 연결하고 "Screen2"를 입력한다.

- Screen2

(1) 변수 선언

전역 변수를 초기화

주먹 블록 : 주먹을 클릭했을 때 랜덤하게 승, 패, 비김 실행

01 [공통 블록] → [변수] → [전역 변수 초기화 (변수이름) 값] 블록을 선택하여 변수 이름은 **"score"**를 입력하고, [공통 블록] → [수학] → [0] 블록을 선택한 후 끼워 넣는다. (score 변수 생성)

02 [블록] → [바위] → [언제 바위▾ . 클릭] 블록을 선택하여 뷰어에 놓고 다음과 같은 항목을 끼워 넣는다.

- [지정하기 image2▾.사진▾ 값] 블록을 선택하고, [공통 블록] → [텍스트] → ["□"] 블록을 연결하여 "rock.png"를 입력한다.

- [공통 블록] → [변수] → [지정하기 global score ▾값] 블록에 [공통 블록] → [수학] → [임의의 정수] 블록을 연결하여 [언제 바위▾ . 클릭] 블록에 끼워 넣는다.

- [임의의 정수] 블록의 시작에 [공통 블록] → [수학] → [0] 블록을 끼워 넣은 후 "1"을 입력한다.

- [임의의 정수] 끝에 [공통 블록] → [수학] → [0] 블록을 끼워 넣은 후 "3"을 입력한다.

- [공통 블록] → [제어] → [⚙ 만약 그러면] 블록을 선택한 후 만약에 [공통 블록] → [논리] → [□ =▾ □] 블록을 연결한다.

- [논리] → [□ =▾ □] 블록의 왼쪽에 [공통 블록] → [변수] → [가져오기 global score ▾] 블록을, 오른쪽에는 [공통 블록] → [수학] → [0] 끼워 넣은 후 "3"을 입력한다.

- [제어] → [만약 그러면] 블록을 선택하여 그러면에 [블록] → [image3] → [지정하기 image3▾.사진▾ 값] 블록, [공통 블록] → [텍스트] → ["□"] 블록을 연결하고 "scissors. png"를 입력한다.

- [제어] → [만약 그러면] 블록을 선택하여 그러면에 [블록] → [결과] → [지정하기 결과 ▾.텍스트▾ 값] 블록, [공통 블록] → [텍스트] → ["□"] 블록을 연결한 후 "승리"를 입력한다.

- [공통 블록] → [제어] → [⚙ 만약 그러면] 블록을 선택한 후 만약에 [공통 블록] → [논리] → [□ =▾ □] 블록을 연결한다.

- [논리] → [□ =▾ □] 블록의 왼쪽에 [공통 블록] → [변수] → [가져오기 global score ▾] 블록을, 오른쪽에는 [공통 블록] → [수학] → [0] 블록을 끼워 넣은 후 "2"를 입력한다.

- [재어] → [만약 그러면] 블록을 선택하여 그러면에 [블록] → [image3] → [지정하기 image3 ▾.사진 ▾ 값] 블록, [공통 블록] → [텍스트] → ["□"] 블록을 연결하고 "paper. png"를 입력한다.

- [제어] → [만약 그러면] 블록을 선택하여 그러면에 [블록] → [결과] → [지정하기 결과 ▾.텍스트 ▾ 값] 블록, [공통 블록] → [텍스트] → ["□"] 블록을 연결한 후 "패"를 입력한다.

- [공통 블록] → [제어] → [⚙ 만약 그러면] 블록을 선택한 후 만약에 [공통 블록] → [논리] → [□ =▾ □] 블록을 연결한다.

- [논리] → [□ =▾ □] 블록의 왼쪽에 [공통 블록] → [변수] → [가져오기 global score ▾] 블록을, 오른쪽에는 [공통 블록] → [수학] → [0] 블록을 끼워 넣은 후 "2"를 입력한다.

- [제어] → [만약 ~그러면] 블록을 선택하여 그러면에 [블록] → [image3] → [지정하기 image3 ▾.사진 ▾ 값] 블록, [공통 블록] → [텍스트] → ["□"] 블록을 연결하고 "rokc. png"를 입력한다.

- [제어] → [만약 ~그러면] 블록을 선택하여 그러면에 [블록] → [결과] → [지정하기 결과 ▾. 텍스트 ▾ 값] 블록, [공통 블록] → [텍스트] → ["□"] 블록을 연결한 후 "비김"을 입력한다.

(2) 보 블록

보를 클릭했을 때 랜덤하게 승, 패, 비김 실행

01 보 버튼을 클릭했을 때 승, 패, 비기는 경우의 수를 구한다.

- [블록] → [보] → [언제 보 ▼ .클릭] 블록을 선택하여 뷰어에 놓고 다음과 같은 항목을 끼워 넣는다.

- [지정하기 image2 ▼ .사진 ▼ 값] 블록을 선택하고, [공통 블록] → [텍스트] → ["□"] 블록을 연결하여 "paper.png"를 입력한다.

- [공통 블록] → [변수] → [지정하기 global score ▼ 값] 블록에 [공통 블록] → [수학] → [임의의 정수] 블록을 연결하여 [언제 보 ▼ .클릭] 블록에 끼워 넣는다.

- [임의의 정수] 블록의 시작에 [공통 블록] → [수학] → [0] 블록을 끼워 넣은 후 "1"을 입력한다.

- [임의의 정수] 끝에 [공통 블록] → [수학] → [0] 블록을 끼워 넣은 후 "3"을 입력한다.

- [공통 블록] → [제어] → [⚙ 만약 그러면] 블록을 선택한 후 만약에 [공통 블록] → [논리] → [□ = ▼ □] 블록을 연결한다.

- [논리] → [□ =▼ □] 블록의 왼쪽에 [공통 블록] → [변수] → [가져오기 global score ▼] 블록을, 오른쪽에는 [공통 블록] → [수학] → [0] 블록을 끼워 넣은 후 "3"을 입력한다.
- [제어] → [만약 그러면] 블록을 선택하여 그러면에 [블록] → [image3] → [지정하기 image3▼.사진▼ 값] 블록, [공통 블록] → [텍스트] → ["□"] 블록을 연결하고 "scissors. png"를 입력한다.
- [제어] → [만약 그러면] 블록을 선택하여 그러면에 [블록] → [결과] → [지정하기 결과 ▼.텍스트▼ 값] 블록, [공통 블록] → [텍스트] → ["□"] 블록을 연결한 후 "패"를 입력한다.

- [공통 블록] → [제어] → [만약 그러면] 블록을 선택한 후 만약에 [공통 블록] → [논리] → [□ =▼ □] 블록을 연결한다.
- [논리] → [□ =▼ □] 블록의 왼쪽에 [공통 블록] → [변수] → [가져오기 global score ▼] 블록을, 오른쪽에는 [공통 블록] → [수학] → [0] 블록을 끼워 넣은 후 "2"를 입력한다.
- [제어] → [만약 그러면] 블록을 선택하여 그러면에 [블록] → [image3] → [지정하기 image3▼.사진▼ 값] 블록, [공통 블록] → [텍스트] → ["□"] 블록을 연결하고 "paper. png"를 입력한다.
- [제어] → [만약 그러면] 블록을 선택하여 그러면에 [블록] → [결과] → [지정하기 결과 ▼.텍스트▼ 값] 블록, [공통 블록] → [텍스트] → ["□"] 블록을 연결한 후 "비김"을 입력한다.

- [공통 블록] → [제어] → [만약 그러면] 블록을 선택한 후 만약에 [공통 블록] → [논리] → [□ =▼ □] 블록을 연결한다.
- [논리] → [□ =▼ □] 블록의 왼쪽에 [공통 블록] → [변수] → [가져오기 global score ▼] 블록을, 오른쪽에는 [공통 블록] → [수학] → [0] 블록을 끼워 넣은 후 "1"을 입력한다.

- [제어] → [만약 그러면] 블록을 선택하여 그러면에 [블록] → [image3] → [지정하기 image3▼.사진▼ 값] 블록, [공통 블록] → [텍스트] → ["□"] 블록을 연결하고 "rokc. png"를 입력한다.
- [제어] → [만약 그러면] 블록을 선택하여 그러면에 [블록] → [결과] → [지정하기 결과 ▼.텍스트▼ 값] 블록, [공통 블록] → [텍스트] → ["□"] 블록을 연결한 후 "승리"를 입력한다.

(3) 가위 블록

가위를 클릭했을 때 랜덤하게 승, 패, 비김 실행

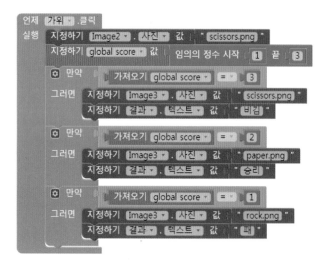

01 주먹과 보와 코딩이 같으므로 주먹, 보 블록과 같은 방법으로 블록을 코딩한다.

SECTION 4
연습 문제

1. 평균 값과 IF문을 이용하여 아래의 출력형태와 같은 앱을 만들어 봅시다.

국어, 영어, 수학의 평균 값과 IF 문을 이용하여 평균에 해당하는 등급이 출력되도록 아래의 출력 형태를 참조한다.

※ 디자인은 출력형태를 토대로 자유롭게 설계한다.

* 프로젝트명 : Asung_level

컴포넌트	속성 및 조건
레이블	제목, 합계 레이블과 합계, 평균 레이블과 평균, 등급 레이블과 등급 등 완성 앱 참조하여 자유롭게 설정
수평배치	선, 간격, 1개 이상의 컴포넌트 배치에 사용
텍스트 상자	국어, 영어, 수학 값 입력
버튼	세 과목의 점수를 입력받아 합계와 평균을 계산할 때

2. 등급과 IF문을 이용하여 아래의 출력형태와 같은 앱을 만들어 봅시다.

> 국어, 영어, 수학의 평균 값과 IF 문을 이용하여 평균에 해당하는 등급이 출력되도록 아래의 출력 형태를 참조한다.

※ 디자인은 출력형태를 토대로 자유롭게 설계한다.

- 프로젝트명 : Asung_pass

컴포넌트	속성 및 조건
레이블	제목, 합계 레이블과 합계, 평균 레이블과 평균, 등급 레이블과 등급, 합격 레이블, 합격 등 완성 앱 참조하여 자유롭게 설정
수평배치	선, 간격, 1개 이상의 컴포넌트 배치에 사용
텍스트 상자	국어, 영어, 수학 값 입력
버튼	세 과목의 점수를 입력받아 합계와 평균을 계산할 때

3. 숫자와 IF문을 이용하여 아래의 출력형태와 같은 앱을 만들어 봅시다.

> 입력받는 숫자와 IF 문을 이용하여 숫자의 홀짝을 판별하여 출력하도록 아래의 출력 형태를 참조한다.

※ 디자인은 출력형태를 토대로 자유롭게 설계한다.

- 프로젝트명 : even_odd

컴포넌트	속성 및 조건
레이블	글자, 홀짝 판별 등 완성 앱 참조하여 자유롭게 설정
수평배치	선, 간격, 정렬, 1개 이상의 컴포넌트 배치에 사용
텍스트 상자	숫자 입력
버튼	입력받은 숫자의 홀짝의 판별을 표시할 때

CHAPTER **11 Sensors I**

CHAPTER 11에서는 스마트 폰의 Sensor 중 바코드 센서와 시계를 이용한 바코드 인식 앱과 스톱워치 앱을 만들어보도록 한다.

App Inventor Sensor에는 가속도계 센서(Accelerometer Sensor), 바코드 스캐너(Barcode Scanner), 시계(Clock), 자이로스코프 센서(Gyroscope Sensor), 위치 센서(Location Sensor), NearField, 방향 센서(Orientation Sensor), 보수계(Pedometer), 근접 센서(Proximity Sensor) 등이 있으며, 센서는 IoT(사물인터넷)분야의 핵심적인 요소로 Arduino와 Bluetooth를 연결한 다양한 앱이 개발되고 있다.

 SECTION 1

Sensors 기본 익히기

학습목표

1. Sensor의 특징을 이해할 수 있다.
2. 사용된 Sensor의 블록을 이해할 수 있다.
3. Sensor를 활용한 간단한 앱을 만들 수 있다.

1. 가속도 센서(Accelerometer Sensor)

속도의 변화를 측정하는 센서로, 국제단위계(SI)의 가속도단위(m/s2)를 사용하여 흔들림을 감지하고, 3차원 공간에서의 가속도의 근사 값을 측정할 수 있는 보이지 않는 컴포넌트이다. 구성 요소에는 x가속도, y가속도, z가속도가 있다.

가속도의 민감도는 1일 때는 약함, 2일 때는 보통, 3일 때는 강함을 나타낸다.

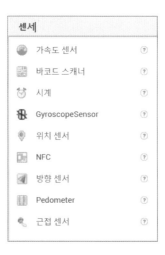

▪ 가속도 센서(Accelerometer Sensor) 블록

가속도 센서 블록 (Accelerometer Sensor)	설명
언제 가속도_센서1 ▾ .가속도 변화 x가속도 y가속도 z가속도 실행	• **언제 가속도_센서 ▾ .가속도 변화 이벤트** : 가속도 센서가 가속도 변화를 감지한 x가속도, y가속도, z가속도 값을 반환 • **X가속도** : 스마트폰이 지면에 평평하게 놓였을 경우 0, 오른쪽은 양수, 왼쪽으로 기울어지면 음수 값 • **Y가속도** : 스마트폰이 지면에 평평하게 놓였을 경우 0, 바닥을 올리면 양수, 위쪽이 올라간 경우 음수 값 • **Z가속도** : 지면과 수직이면 0, 아래쪽을 바라본다면 9.8, 위쪽을 바라본다면 −9.8(중력)
언제 가속도_센서1 ▾ .흔들림 실행	• **언제 가속도_센서 ▾ .흔들림 이벤트** : 스마트폰을 흔들거나 흔들린 채로 있을 때 이벤트 발생
가속도_센서1 ▾ . 사용 가능 ▾ 가속도_센서1 ▾ . 활성화 ▾ 지정하기 가속도_센서1 ▾ . 활성화 ▾ 값 가속도_센서1 ▾ . 최소 간격 ▾ 지정하기 가속도_센서1 ▾ . 최소 간격 ▾ 값 가속도_센서1 ▾ . 민감도 ▾ 지정하기 가속도_센서1 ▾ . 민감도 ▾ 값 가속도_센서1 ▾ . X가속도 ▾ 가속도_센서1 ▾ . Y가속도 ▾ 가속도_센서1 ▾ . Z가속도 ▾ 가속도_센서1 ▾	• **가속도 센서(Accelerometer Sensor)의 속성** 가속도 센서(Accelerometer Sensor)의 활성화, 최소 간격, 사용 가능, X가속도, Y가속도, Z가속도, 민감도 등의 블록을 연결하여 사용

 참고

기본 방향 값과 공의 좌표 방향

공의 방향을 지정하지 않으면 오른쪽으로 움직인다.

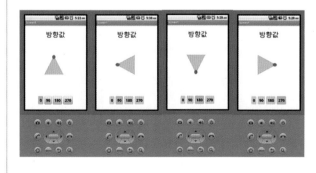

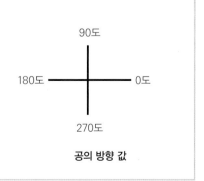

공의 방향 값

2. 바코드 스캐너(Barcode Scanner)

바코드 스캐너(Barcode Scanner)는 바코드를 읽을 수 있는 컴포넌트이다. 바코드를 읽는 방법에는 내부 바코드 스캐너, 외부 바코드 스캐너가 있다. 내부 바코드 스캐너를 사용할 경우 컴포넌트 디자인 설계 시 컴포넌트 속성에서 외부스캐너 선택을 해제해야 한다. 내부 스캐너는 휴대폰에 내장된 바코드 스캐너를 사용하고, 외부 스캐너는 바코드를 읽기 위한 '바코드 스캐너+'와 같은 앱을 설치하여 사용할 수 있다.

■ 바코드 블록(Barcode Scanner)

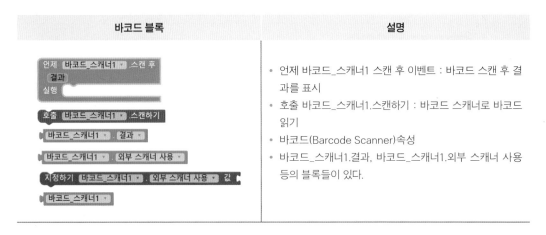

바코드 블록	설명
	• 언제 바코드_스캐너1 스캔 후 이벤트 : 바코드 스캔 후 결과를 표시 • 호출 바코드_스캐너1.스캔하기 : 바코드 스캐너로 바코드 읽기 • 바코드(Barcode Scanner)속성 • 바코드_스캐너1.결과, 바코드_스캐너1.외부 스캐너 사용 등의 블록들이 있다.

3. 시계(Clock)

휴대 전화의 내부 시계를 사용하여 시간을 제공하는 보이지 않는 구성 요소로, 설정된 간격으로 타이머를 시작하고, 시간 계산, 조작 및 변환을 수행할 수 있다.

인스턴트를 활용하여 텍스트로 변환하는 방법도 있으며, 사용할 수 있는 패턴은 년, 월, 일, 시, 분, 초를 활용하여 빈 문자열, MM / dd / YYYY HH : mm : ss a 또는 MMM d, yyyy HH : mm 형식의 패턴을 사용할 수 있다.

인스턴트 활용시, 빈 문자열은 FormatDateTime(날짜 시간 형식)일 경우, "MMM d, yyyy HH : mm : ss a"이고, FormatDate(날짜 형식)일 경우, "MMM d, yyyy"인 기본 형식을 제공하며, 날짜와 시간은 InstantInTime과 Duration가 기본 형식이다.

- Instant : 년, 월, 일, 시, 분, 초로 구성된다. 인스턴트는 MakeInstant 메서드를 사용하여 만들 수 있다.

- Duration : 순간 사이의 경과 시간이다. (밀리 초) 기간은 Duration 메소드를 통해 얻을 수 있다.

- 시계(Clock) 블록

시계(Clock) 블록	설명
언제 시계1 .타이머 실행	• **언제 시계1.타이머 이벤트** : 시계 타이머가 작동한다.
호출 시계1 .Add Days 인스턴트 quantity / 호출 시계1 .Add Duration 인스턴트 quantity	• 지정한 며칠 후의 인스턴트를 반환 • 지정한 몇 시간 후의 인스턴트를 반환
호출 시계1 .기간 시작 끝	• 지속 시간을 밀리 초 단위로 반환
호출 시계1 .날짜 형식 인스턴트 pattern " MMM d, yyyy "	• 인스턴트를 지정된 패턴의 날짜 형식으로 반환 • 1970년 이후의 밀리 세컨드 단위로 지정된 시간을 UTC(그리니치 표준시)로 반환
호출 시계1 .날짜 인스턴트 / 호출 시계1 .초 인스턴트	• 인스턴스에서 날짜를 반환 • 인스턴스에서 초(0-59)를 반환
호출 시계1 .시스템 시간 / 호출 시계1 .지금	• 휴대 전화의 내부 시간을 반환 • 휴대 전화의 시계에서 현재 시간의 인스턴스를 반환
시계1 . 타이머 항상 작동 / 지정하기 시계1 . 타이머 항상 작동 값 / 시계1 . 타이머 활성 여부 / 지정하기 시계1 . 타이머 활성 여부 값 / 시계1 . 타이머 간격 / 지정하기 시계1 . 타이머 간격 값 / 시계1	• 시계(Clock)블록의 속성: 타이머 항상 작동, 타이머 활성 여부 등의 블록이 있다.시계 속성: 타이머 항상 작동 여부, 타이머 간격, 시계, 타이머 활성 여부 등을 지정할 수 있다.

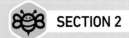 **SECTION 2**

바코드 인식 프로젝트

학습목표

1. 바코드 스캐너 컴포넌트의 블록을 이해할 수 있다.
2. 바코드 스캐너 컴포넌트를 활용할 수 있다.
3. 바코드 스캐너 컴포넌트를 이용하여 제품을 인식하거나 구별할 수 있다.

프로젝트 이름: barcode_01

이번 SECTION에서는 Sensor 중 바코드 센서를 활용한 바코드 인식 프로젝트를 만들고자 한다.

바코드 스캐너를 이용하여 바코드들 인식한 후 등록된 상품정보와 비교하여 상품을 구별할 수 있다.

1. 프로젝트 설계

알고리즘	1. List 생성하기 2. List에 상품정보 저장하기 3. 상품정보와 스캔한 정보 비교하기 4. 정보 비교 결과 표시하기
프로그래밍 요소	1. List : 해당 상품 바코드번호 저장하기 2. 제어 : 조건(만약~그러면) 3. 제어 : 반복문(각각 반복)

※ Sensor를 사용한 앱은 스마트폰의 Sensor를 사용함으로써 에뮬레이터로 테스트가 불가능한 컴포넌트가 많다. 따라서, 프로젝트를 만든 후 QR 코드 인식 앱으로 스마트폰에 앱을 설치하여 실행 결과를 확인하도록 한다.

2. 완성 앱 미리 보기

3. 디자인 설계

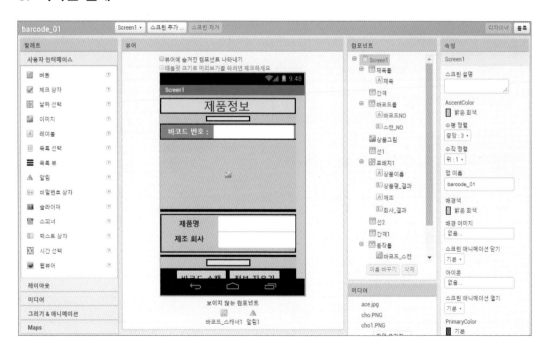

■ 미디어 파일 올리기

[컴포넌트] → [미디어] → [파일 올리기] → [이미지 선택]을 클릭하여 해당 이미지 파일을 한 개씩 업로드 한다. (cho.PNG, cho1.PNG, ace.jpg, 여러 개의 미디어 파일을 한 번에 업로 드 할 수 없다.)

■ 바코드 스캐너

외부 스캐너를 이용하고자 할 때는 바코드 스캐너의 '속성'에서 '외부 스캐너 사용'을 선택한다.

4. 컴포넌트 설계

barcode_01 앱을 만들기 위해 필요한 컴포넌트와 속성은 다음 표를 참고한다.

컴포넌트	이름 수정	속성
Screen1	Screen1	수평 정렬: 중앙, 배경색: 밝은 회색
수평배치	제목틀	수평 정렬: 중앙, 수직 정렬: 가운데, 배경: 노랑, 높이: 8 percent, 너비: 부모에 맞추기
레이블	제목	글꼴 크기: 30, 텍스트: 제품정보
수평배치	간격	높이: 4 percent
수평배치	바코드틀	수평 정렬: 중앙, 수직 정렬: 가운데, 배경: 회색, 높이: 8 percent, 너비: 100 percent
레이블	바코드NO	글꼴 굵게, 글꼴 크기:18, 텍스트: 바코드 번호:, 텍스트 색상: 흰색
텍스트 상자	스캔_NO	글꼴 크기: 16, 높이: 8 percent, 너비: 55 percent, 힌트: (공백), 텍스트 정렬: 가운데
이미지	상품그림	높이: 35 percent, 너비: 60 percent, 사진 크기 맞추기 선택
수평배치	선1	배경색: 검정, 높이: 2 pixels, 너비: 부모에 맞추기
표배치	표배치1	높이: 20 percent, 너비: 부모에 맞추기
레이블	상품이름	글꼴 크기: 18, 너비: 40 percent, 텍스트: 제품명, 텍스트 정렬: 가운데
텍스트 상자	상품명_결과	글꼴 크기: 20, 너비: 60 percent, 힌트: (공백)
레이블	제조	글꼴 크기: 18, 너비: 40 percent, 텍스트: 제조회사, 텍스트 정렬: 가운데
텍스트 상자	회사_결과	글꼴 크기: 20, 너비: 60 percent, 힌트: (공백)
수평배치	선2	배경색: 검정, 높이: 2 pixels, 너비: 부모에 맞추기
수평배치	간격1	높이: 3 percent
수평배치	동작틀	수평 정렬: 중앙, 수직 정렬: 가운데, 배경: 검정, 높이: 10 percent, 너비: 100 percent
버튼	바코드_스캔	글꼴 크기: 20, 텍스트: 바코드 스캔
버튼	정보_지우기	글꼴 크기: 20, 텍스트: 정보 지우기
바코드 스캐너	바코드_스캐너1	–

5. 전체 블록코딩 소스

```
전역변수 초기화 상품목록 값 ⚙ 리스트 만들기  " 8801062899388 "
                                        " 8801117534516 "
                                        " 8801019312069 "
```

```
전역변수 초기화 상품명 값 ⚙ 리스트 만들기  " 오리온조코파이/오리온/cho.PNG "
                                    " 롯데조코파이/롯데/cho1.PNG "
                                    " 에이스/해태/ace.jpg "
```

```
전역변수 초기화 상품검색결과 값 ⚙ 빈 리스트 만들기
```

```
전역변수 초기화 n 값 0
```

```
언제 Screen1.초기화
실행  지정하기 스캔_NO.텍스트 값 " "
     지정하기 상품명_결과.텍스트 값 " "
     지정하기 회사_결과.텍스트 값 " "
```

```
언제 바코드_스캔.클릭
실행  호출 바코드_스캐너1.스캔하기
```

```
언제 바코드_스캐너1.스캔 후
  결과
실행  지정하기 스캔_NO.텍스트 값 가져오기 결과
     각각 반복 숫자 시작 1
              끝 리스트 길이 리스트 가져오기 global 상품목록
              간격 1
     실행 지정하기 global n 값 ⚙ 가져오기 global n + 1
         ⚙ 만약    스캔_NO.텍스트 = 리스트에서 항목 선택하기 리스트 가져오기 global 상품목록
                                                위치 가져오기 global n
            그러면 지정하기 global 상품검색결과 값 분할 텍스트 리스트에서 항목 선택하기 리스트 가져오기 global 상품명
                                                                        위치 가져오기 global n
                                                     구분 " / "
                 지정하기 상품명_결과.텍스트 값 리스트에서 항목 선택하기 리스트 가져오기 global 상품검색결과
                                                              위치 1
                 지정하기 회사_결과.텍스트 값 리스트에서 항목 선택하기 리스트 가져오기 global 상품검색결과
                                                              위치 2
                 지정하기 상품그림.사진 값 리스트에서 항목 선택하기 리스트 가져오기 global 상품검색결과
                                                              위치 3
         ⚙ 만약    아니다 리스트에 포함되어 있나요? 값 스캔_NO.텍스트
                                          리스트 가져오기 global 상품목록
            그러면 호출 알림1.메시지창 나타내기
                                메시지 " 상품목록에 없습니다. "
                                 제목 " 상품목록 검색 "
                              버튼 텍스트 " 확인 "
     지정하기 global n 값 0
```

```
언제 정보_지우기.클릭
실행  지정하기 스캔_NO.텍스트 값 " "
     지정하기 상품명_결과.텍스트 값 " "
     지정하기 회사_결과.텍스트 값 " "
```

6. 블록코딩 소스 설명

(1) 전역변수 만들기

상품목록, 상품명, 상품검색결과, n

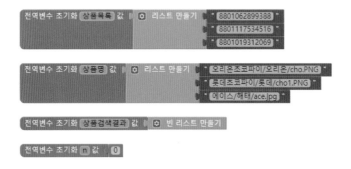

01 [공통 블록] → [변수] → [전역변수 초기화 변수 이름 값] 블록을 선택하여 뷰어에 끌어 다 놓고, 변수 이름에 "상품목록"을 입력한다. [공통 블록] → [리스트] → [⚙ 리스트 만 들기] 블록을 연결하여 각 항목에 [공통 블록] → [텍스트] → ["□"] 블록을 끼워 넣은 후 "8801062899388", "8801117534516", "8801019312069"를 입력한다. (기본 바코드 정보 저장)

02 [공통 블록] → [변수] → [전역변수 초기화 변수 이름 값] 블록을 선택하여 뷰어에 끌어다 놓고, 변수 이름에 "상품명"을 입력한다. [공통 블록] → [리스트] → [⚙ 리스트 만들기] 블 록을 연결하여 각 항목에 [공통 블록] → [텍스트] → ["□"] 블록을 끼워 넣은 후 "오리온 초코파이/오리온/cho.PNG", "롯데초코파이/롯데/cho1.PNG", "에이스/해태/ace.jpg"를 입력한다. (제품명, 제조회사, 제품이미지 정보 저장)

03 [공통 블록] → [변수] → [전역변수 초기화 변수 이름 값] 블록을 선택하여 뷰어 영역에 끌 어다 놓고, 변수 이름에 "상품검색결과"을 입력한 후 [공통 블록] → [리스트] → [⚙ 빈 리 스트 만들기] 블록을 끼워 입력한다. (검색 결과에 대한 상품명을 분리 저장)

04 [공통 블록] → [변수] → [전역변수 초기화 변수 이름 값] 블록을 선택하여 뷰어 영역에 끌 어다 놓고, 변수 이름에 "n"을 입력한 후 [공통 블록] → [수학] → [0] 블록을 끼워 입력한 다. (검색 위치를 위한 변수)

(2) Screen1 초기화

기본 텍스트 값 지우기

01 컴포넌트 초기화 설정

- [블록] → [Screen1] → [언제 Screen1 ▾ .초기화] 블록을 선택하여 뷰어에 끌어다 놓는다.

- [블록] → [스캔_NO] → [지정하기 스캔_NO ▾ .텍스트 ▾ 값] 블록에 [공통 블록] → [텍스트] → ["□"] 블록을 끼워 넣는다.

- [블록] → [상품명_결과] → [지정하기 상품명_결과 ▾ .텍스트 ▾ 값] 블록에 [공통 블록] → [텍스트] → ["□"] 블록을 끼워 넣는다.

- [블록] → [회사_결과] → [지정하기 회사_결과 ▾ .텍스트 ▾ 값] 블록에 [공통 블록] → [텍스트] → ["□"] 블록을 끼워 넣는다.

(3) 바코드 스캔 클릭

바코드 스캔하기

01 바코드 스캔 클릭

- [블록] → [바코드_스캔] → [언제 바코드_스캔 ▾ .클릭] 블록을 선택하여 뷰어에 끌어다 놓고, [블록] → [바코드_스캐너1] → [호출 바코드_스캐너1 ▾ .스캔하기] 블록을 끼워 넣는다. (바코드 읽기)

(4) 바코드 스캐너 스캔 후

읽은 바코드 정보를 리스트를 이용하여 표시

01 [블록] → [바코드_스캐너1] → [언제 바코드_스캐너1 ▼.스캔 후] 블록을 선택하여 뷰어에 끌어다 놓고, 다음과 같은 블록을 끼워 넣는다.

- [블록] → [스캔_NO] → [지정하기 스캔_NO ▼.텍스트 ▼ 값] 블록에 [공통 블록] → [변수] → [가져오기 결과 ▼] 블록을 끼워 넣는다.

- [공통 블록] → [제어] → [각각 반복 숫자] 블록의 끝에는 [공통 블록] → [리스트] → [리스트 길이], [공통 블록] → [변수] → [가져오기 global 상품목록 ▼] 블록을 연결하여 끼워 넣는다. (반복해서 상품목록 검색하기)

- [각각 반복 숫자] 블록의 실행에는 [공통 블록] → [변수] → [지정하기 global n ▼ 값] 블록에 [공통 블록] → [수학] → [🔧 □+□], [공통 블록] → [수학] → [0] 블록을 연결하여 "1"을 입력한다. (리스트 1번부터 검색)

- [공통 블록] → [🔧 만약 그러면] 블록의 만약에는 [공통 블록] → [수학] → [□=▼ □] 블록, [블록] → [스캔_NO] → [스캔_NO ▼.텍스트], [공통 블록] → [리스트] → [리스트에서 항목 선택하기] 블록을 연결하여 끼워 넣고, [리스트에서 항목 선택하기] 블록의 리스트에는 [공통 블록] → [변수] → [가져오기 global 상품목록 ▼] 블록, 위치부분에는 [공통 블록] → [변수] → [가져오기 global n ▼] 블록을 끼워 넣는다. (리스트에서 스캔_NO 검색)

- [🔧 만약 그러면] 블록의 그러면에는 [공통 블록] → [변수] → [지정하기 global 상품검색결과 ▼ 값] 블록에 [공통 블록] → [텍스트] → [분할 텍스트] 블록을 끼워 넣고, [분할 텍

스트] 블록의 텍스트에는 [공통 블록] → [리스트] → [리스트에서 항목 선택하기], [공통 블록] → [변수] → [가져오기 global 상품명 ▼], [공통 블록] → [변수] → [가져오기 global n ▼], 구분에는 [공통 블록] → [텍스트] → ["□"] 블록을 연결한 후 "/"를 입력한다. (스캔_NO 값과 같은 데이터가 있을 경우 상품검색결과리스트에 분할 저장)

- [블록] → [상품명_결과] → [지정하기 상품명_결과 ▼.텍스트 ▼ 값] 블록에 [공통 블록] → [리스트] → [리스트에서 항목 선택하기], [공통 블록] → [변수] → [가져오기 global 상품검색결과 ▼], [공통 블록] → [공통 블록] → [수학] → [0] 블록을 연결한 후 "1"을 입력한다.

- [블록] → [회사_결과] → [지정하기 회사_결과 ▼.텍스트 ▼ 값] 블록에 [공통 블록] → [리스트] → [리스트에서 항목 선택하기], [공통 블록] → [변수] → [가져오기 global 상품검색결과 ▼], [공통 블록] → [공통 블록] → [수학] → [0] 블록을 연결한 후 "2"를 입력한다.

- [블록] → [상품그림] → [지정하기 상품그림 ▼.사진 ▼ 값] 블록에 [공통 블록] → [리스트] → [리스트에서 항목 선택하기], [공통 블록] → [변수] → [가져오기 global 상품검색결과 ▼], [공통 블록] → [공통 블록] → [수학] → [0] 블록을 연결한 후 "3"을 입력한다.

(5) 바코드 스캐너 스캔 후

스캔한 정보가 리스트에 없을 때

01 [공통 블록] → [제어] → [⚙ 만약 그러면] 블록의 만약에는 [공통 블록] → [논리] → [아니다], [공통 블록] → [리스트] → [리스트에 포함되어 있나요?] 블록을 연결하고, 값에는 [블록] → [스캔_NO] → [스캔_NO ▼.텍스트 ▼], 리스트에는 [공통 블록] → [변수] → [가져오기 global 상품목록 ▼] 블록을 끼워 넣는다.

- [⚙ 만약 그러면] 블록의 그러면에는 [블록] → [알림1] 컴포넌트–[호출 알림1 ▼.메시지창 나타내기] 블록을 끼어 넣은 후 메시지에는 [공통 블록] → [텍스트] → ["□"] 블록에 "상품목록에 없습니다.", 제목에는 "상품목록 검색", 버튼 텍스트에는 "확인"을 입력한다.

02 [블록] → [정보_지우기] → [언제 정보_지우기 ▼.클릭] 블록을 선택하여 뷰어에 끌어다 놓는다.

- [블록] → [스캔_NO] → [지정하기 스캔_NO ▼.텍스트 ▼ 값] 블록에 [공통 블록] → [텍스트] → ["□"] 블록을 끼워 넣는다.

- [블록] → [상품명_결과] → [지정하기 상품명_결과 ▼.텍스트 ▼ 값] 블록에 [공통 블록] → [텍스트] → ["□"] 블록을 끼워 넣는다.

- [블록] → [회사_결과] → [지정하기 회사_결과 ▼.텍스트 ▼ 값] 블록, [공통 블록] → [텍스트] → ["□"] 블록을 끼워 넣는다.

SECTION 3

스톱워치 프로젝트

학습목표

1. 시계 컴포넌트의 블록을 이해할 수 있다.
2. 시계 컴포넌트를 활용할 수 있다.
3. 시계 컴포넌트의 타이머를 활용하여 스톱워치와 알람을 코딩할 수 있다.

프로젝트 이름: clock_02

이번 SECTION에서는 Sensor 중 시계를 이용하여 스톱워치 프로젝트를 만들고자 한다.

체크 컴포넌트를 선택하면 스톱워치가 작동하거나 알람을 설정하여 지정한 시간에 알림 메시지가 표시되도록 한다.

1. 프로젝트 설계

알고리즘	1. check 상자 설계하기 2. 타이머를 이용하여 시, 분, 초 계산하기 3. 현재 시간 보여주기 4. 지정한 시간에 알람 설정하기
프로그래밍 요소	1. clock : 타이머 및 시간 설정 2. 논리 : and (조건1 그리고 조건2...) 3. 전역변수 : 시, 분, 초

2. 완성 앱 미리 보기

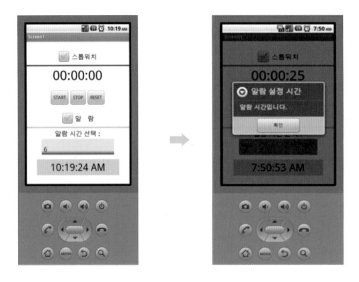

3. 디자인 설계

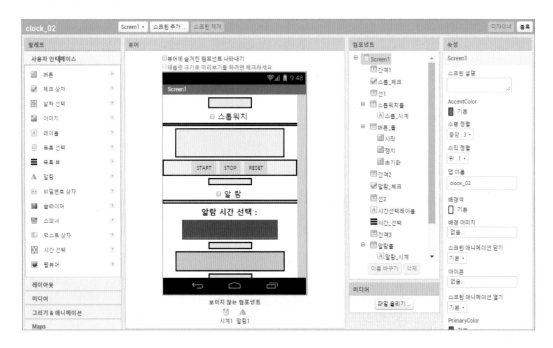

4. 컴포넌트 설계

clock_02 앱을 만들기 위해 필요한 컴포넌트와 속성은 다음 표를 참고한다.

컴포넌트	이름 수정	속성
Screen1	Screen1	수평 정렬: 중앙
수평배치	간격1	높이: 5 percent
체크 상자	스톱_체크	글꼴 크기: 20, 텍스트: 스톱워치
수평배치	선1	배경색: 파랑, 높이: 1 percent, 너비: 100 percent
수평배치	스톱워치틀	수평 정렬: 중앙, 수직 정렬: 가운데, 높이: 15 percent, 너비: 80 percent
레이블	스톱_시계	글꼴 크기: 40, 높이: 15 percent, 너비: 80 percent, 텍스트: (공백), 텍스트 정렬: 가운데
수평배치	버튼_틀	수평 정렬: 중앙, 수직 정렬: 가운데, 너비: 부모에 맞추기
버튼	시작	텍스트: START
버튼	정지	텍스트: STOP
버튼	초기화	텍스트: RESET
수평배치	간격2	높이: 3 percent
체크 상자	알람_체크	글꼴 크기: 20, 텍스트: 알 람
수평배치	선2	배경색: 주황, 높이: 1 percent, 너비: 100 percent
레이블	시간선택레이블	글꼴 크기: 20, 텍스트: 알림시간 선택:
목록 뷰	시간_선택	배경색: 파랑, 높이: 10 percent, 너비: 70 percent, 선택 항목 색상: 노랑, 텍스트 색상: 검정, 텍스트 크기: 40
수평배치	간격3	높이: 3 percent
수평배치	알람틀	수평 정렬: 중앙, 수직 정렬: 가운데, 높이: 10 percent, 너비: 80 percent
레이블	알람_시계	글꼴 크기: 30, 텍스트: (공백), 텍스트 정렬: 가운데
수평배치	간격4	높이: 3 percent
시계	시계1	–
알림	알림1	–

5. 전체 블록코딩 소스

■ 소스1

전역변수 초기화 start 값 0

전역변수 초기화 시 값 0

전역변수 초기화 분 값 0

전역변수 초기화 초 값 0

전역변수 초기화 알람시간 값 ⚙ 리스트 만들기 6 / 10 / 12 / 17 / 19 / 22

언제 Screen1 .초기화
실행 지정하기 시계1 . 타이머 항상 작동 값 참
　　지정하기 스톱_체크 . 선택 여부 값 거짓
　　지정하기 알람_체크 . 선택 여부 값 거짓
　　지정하기 스톱_시계 . 텍스트 값 " 00:00:00 "
　　지정하기 시간_선택 . 요소 값 가져오기 global 알람시간

언제 알람_체크 .변경
실행 ⚙ 만약 　 알람_체크 . 선택 여부 = 참
　　그러면 ⚙ 만약 　 시간_선택 . 선택된 항목 = 호출 시계1 .시간
　　　　　　　　　　　　　　　　　　　　　　　인스턴트 　호출 시계1 .지금
　　　　　그러면 호출 알림1 .메시지창 나타내기
　　　　　　　　　　　　　메시지 " 알람 시간입니다. "
　　　　　　　　　　　　　제목 " 알람 설정 시간 "
　　　　　　　　　　　버튼 텍스트 " 확인 "

언제 시작 .클릭
실행 지정하기 시계1 . 타이머 활성 여부 값 참
　　지정하기 global start 값 1

언제 정지 .클릭
실행 지정하기 시계1 . 타이머 활성 여부 값 거짓

■ 소스2

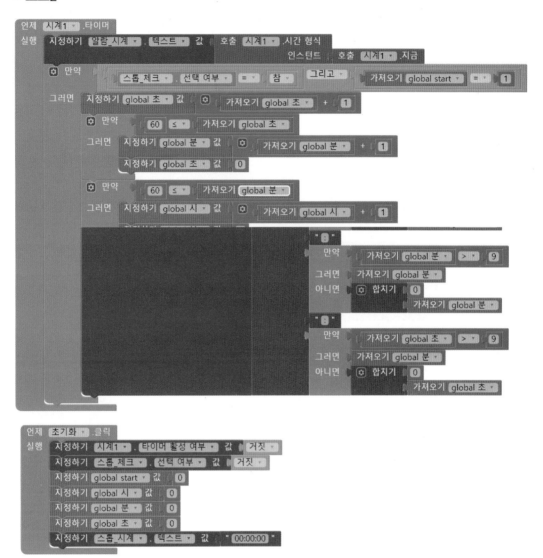

6. 블록코딩 소스 설명

(1) 전역변수 만들기

start, 시, 분, 초 알람시간

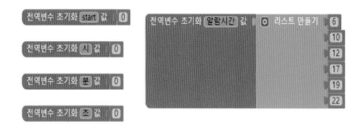

01 [공통 블록] → [변수] → [전역변수 초기화 변수 이름 값] 블록을 선택하여 뷰어 영역에 끌어다 놓고, 변수 이름에 "start"를 입력한 후 [공통 블록] → [수학] → [0] 블록과 연결하여 끼워 넣는다.

02 같은 방법으로 시, 분, 초의 전역변수를 생성한다.

03 [공통 블록] → [변수] → [전역변수 초기화 변수 이름 값] 블록을 선택하여 뷰어 영역에 끌어다 놓고, 변수 이름에 "알림시간"을 입력한다. [공통 블록] → [리스트] → [⚙ 리스트 만들기] 블록에 [공통 블록] → [수학] → [0] 블록 6개를 연결한 후 각각 "6", "10", "12", "17", "19", "22"를 입력한다.

(2) Screen1 초기화

기본 설정 값 초기화

01 [블록] → [Screen1] → [언제 Screen1 ▾ .초기화] 블록을 선택하여 뷰어에 끌어다 놓고 다음과 같은 블록을 끼워 넣는다.

- [블록] → [시계1] → [지정하기 시계1 ▾ .타이머 항상 작동 ▾ 값] 블록에 [공통 블록] → [논리] → [참 ▾] 블록을 끼워 넣는다.

- [블록] → [스톱_체크] → [지정하기 스톱_체크 ▾ .선택 여부 ▾ 값] 블록에 [공통 블록] → [논리] → [거짓 ▾] 블록을 끼워 넣는다.

- [블록] → [알람_체크] → [지정하기 알람_체크 ▾ .선택 여부 ▾ 값] 블록에 [공통 블록] → [논리] → [거짓 ▾] 블록을 끼워 넣는다.

- [블록] → [스톱_시계] → [지정하기 스톱_시계 ▾ .텍스트 ▾ 값] 블록에 [공통 블록] → [텍스트] → ["□"] 블록을 연결하여 "00:00:00"을 입력한다.

- [블록] → [시간_선택] → [지정하기 스톱_시계 ▾ .텍스트 ▾ 값] 블록에 [공통 블록] → [변수] → [가져오기 global 알림시간 ▾] 블록을 끼워 넣는다.

(3) 알람 체크 변경, 시작, 정지

알람 선택과 시작(알람과 타이머 작동), 정지(시계 정지) 사항

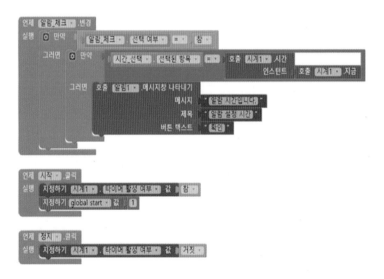

01 [블록] → [알람_체크] 컴포넌트–[언제 알람_체크 ▾ .변경] 블록을 선택하여 뷰어에 끌어다 놓고 다음과 같은 블록을 끼워 넣는다.

- [공통 블록] → [제어] → [⚙ 만약 그러면] 블록의 만약에는 [공통 블록] → [논리] → [□= ▾ □], [블록] → [알람_체크] → [알람_체크 ▾ .선택 여부 ▾], [공통 블록] → [논리] →

[참▼] 블록을 연결하여 끼워 넣는다.

- [⚙ 만약 그러면] 블록의 그러면에는 [공통 블록] → [제어] → [⚙ 만약 그러면] 블록을 끼워 넣고, 만약에는 [공통 블록] → [수학] → [□=▼□], [블록] → [시간_선택] → [시간_선택▼.선택된 항목▼], [블록] → [시계1] → [호출 시계1▼.시간], [호출 시계1▼.지금] 블록들을 연결하여 끼워 넣는다.

- [⚙ 만약 그러면] 블록의 그러면에는 [블록] → [알림1] → [호출 알림1▼.메시지창 나타내기] 블록을 연결하고 메시지에는 [공통 블록] → [텍스트] → ["□"] 블록에 "알림 시간입니다."를 입력, 제목에는 [공통 블록] → [텍스트] → ["□"] 블록에 "알림 설정 시간"을 입력, 버튼 텍스트에는 [공통 블록] → [텍스트] → ["□"] 블록을 연결하여 "확인"을 입력한다.

02 [블록] → [시작] → [언제 시작▼.클릭] 블록을 선택하여 뷰어에 끌어다 놓고 다음과 같은 블록을 끼워 넣는다.

- [블록] → [시계1] → [지정하기 시계1▼.타이머 활성 여부▼ 값] 블록에 [공통 블록] → [논리] → [참▼] 블록을 끼워 넣는다.

- [공통 블록] → [변수] → [지정하기 global start▼ 값] 블록에 [공통 블록] → [수학] → [0] 블록을 연결하여 "1"을 입력한다.

03 [블록] → [정지] → [언제 정지▼.클릭] 블록을 선택하여 뷰어에 끌어다 놓고 [블록] → [시계1] → [지정하기 시계1▼.타이머 활성 여부▼ 값] 블록에 [공통 블록] → [논리] → [거짓▼] 블록을 끼워 넣는다.

(4) 시계 타이머

타이머가 작동할 때 시, 분, 초 계산

01 [블록] → [시계1] 컴포넌트-[언제 시계1 ▾.타이머] 블록을 선택하여 뷰어에 끌어다 놓고 다음과 같은 블록을 끼워 넣는다.

- [블록] → [알람_시계] → [지정하기 알람_시계 ▾.텍스트 ▾ 값] 블록에 [블록] → [시계1] → [호출 시계1 ▾.시간 형식], [호출 시계1 ▾.지금] 블록을 연결하여 끼워 넣는다.

- [공통 블록] → [제어] → [☼ 만약 그러면] 블록을 선택하여 만약에는 [공통 블록] → [논리] → [□그리고 ▾ □], [공통 블록] → [논리] → [□= ▾ □], [블록] → [스톱_체크] → [스톱_체크 ▾.선택 여부 ▾], [공통 블록] → [논리] → [참 ▾] , [공통 블록] → [논리] → [□= ▾ □], [공통 블록] → [변수] → [가져오기 global start ▾], [공통 블록] → [수학] → [0] 블록에 "1"을 입력한 후 연결하여 끼워 넣는다.

- [☼ 만약 그러면] 블록의 그러면에는 [공통 블록] → [변수] → [지정하기 global 초 ▾ 값] 블록을 끼워 넣고, [공통 블록] → [수학] → [☼ □+□], [공통 블록] → [변수] → [가져오기 global 초 ▾], [공통 블록] → [수학] → [0] 블록을 연결하여 "1"을 입력한다.

- [공통 블록] → [제어] → [☼ 만약 그러면] 블록을 선택하여 만약에는 [공통 블록] → [수학] → [□≤□], [공통 블록] → [변수] → [가져오기 global 초 ▾] , [공통 블록] → [수학] → [0] 블록에 "60"을 입력하여 연결하여 끼워 넣는다.

- [☼ 만약 그러면] 블록의 그러면에는 [공통 블록] → [변수] → [지정하기 global 분 ▾ 값] 블록을 끼워 넣고, [공통 블록] → [수학] → [□+□], [공통 블록] → [변수] → [가져오기 global 분 ▾], [공통 블록] → [수학] → [0] 블록을 연결하여 "1"을 입력한다.

- [공통 블록] → [변수] → [지정하기 global 초 ▾ 값] 블록에 [공통 블록] → [수학] → [0] 블록을 끼워 넣는다.

- [공통 블록] → [제어] → [☼ 만약 그러면] 블록을 선택하여 만약에는 [공통 블록] → [수학] → [□≤□], [공통 블록] → [변수] → [가져오기 global 분 ▾], [공통 블록] → [수학] → [0] 블록을 연결한 후 "60"을 입력한다.

- [☼ 만약 그러면] 블록의 그러면에는 [공통 블록] → [변수] → [지정하기 global 시 ▾ 값] 블록을 끼워 넣고, [공통 블록] → [수학] → [☼ □+□], [공통 블록] → [변수] → [가져오기 global 시 ▾] , [공통 블록] → [수학] → [0] 블록을 연결하여 "1"을 입력한다.

- [공통 블록] → [변수] → [지정하기 global 분 ▾ 값] 블록에 [공통 블록] → [수학] → [0] 블록을 끼워 넣는다.

(5) 시계 타이머

스톱워치 표시 형식 두 자리 지정(00:00:00)

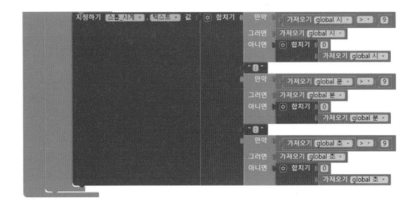

01 [블록] → [스톱_시계] → [지정하기 스톱_시계▼.텍스트▼ 값] 블록을 선택하여 [공통 블록] → [텍스트] → [⚙ 합치기] 블록을 연결하여 5개의 항목을 만들어 다음과 같은 블록을 끼워 넣는다.

- 첫 번째 항목에는 [공통 블록] → [제어] → [만약 그러면 아니면] 블록을 선택하여 만약에는 [공통 블록] → [수학] → [□>□], [공통 블록] → [변수] → [가져오기 global 시▼], [공통 블록] → [수학] → [0] 블록을 연결하여 "9"를 입력한다. 그러면에는 [공통 블록] → [변수] → [가져오기 global 시▼], 아니면에는 [공통 블록] → [텍스트] → [⚙ 합치기], [공통 블록] → [수학] → [0], [공통 블록] → [변수] → [가져오기 global 시▼] 블록을 연결하여 끼워 넣는다.

- 두 번째 항목에는 [공통 블록] → [텍스트] → ["□"] 블록을 연결하여 ":"을 입력한다.

- 세 번째 항목에는 [공통 블록] → [제어] → [만약 그러면 아니면] 블록을 선택하여 만약에는 [공통 블록] → [수학] → [□>□], [공통 블록] → [변수] → [가져오기 global 분▼], [공통 블록] → [수학] → [0] 블록을 연결하여 "9"를 입력한다. 그러면에는 [공통 블록] → [변수] → [가져오기 global 분▼], 아니면에는 [공통 블록] → [텍스트] → [⚙ 합치기], [공통 블록] → [수학] → [0], [공통 블록] → [변수] → [가져오기 global 분▼] 블록을 연결하여 끼워 넣는다.

- 네 번째 항목에는 [공통 블록] → [텍스트] → ["□"] 블록을 연결하여 ":"을 입력한다.

- 다섯 번째 항목에는 [공통 블록] → [제어] → [만약 그러면 아니면] 블록을 선택하여 만약에는 [공통 블록] → [수학] → [□>□], [공통 블록] → [변수] → [가져오기 global 초▼], [공통 블록] → [수학] → [0] 블록을 연결하여 "9"를 입력한다. 그러면에는 [공통 블록]

→ [변수] → [가져오기 global 초▼], 아니면에는 [공통 블록] → [텍스트] → [🔧 합치기],
[공통 블록] → [수학] → [0], [공통 블록] → [변수] → [가져오기 global 초▼] 블록을 연
결하여 끼워 넣는다.

(6) 초기화 클릭

모든 컴포넌트를 기본값으로 설정

01 [블록] → [초기화] 컴포넌트–[언제 초기화▼.클릭] 블록을 선택하여 뷰어에 끌어다 놓고
다음과 같은 블록을 끼워 넣는다.

- [블록] → [시계1] → [지정하기 시계1▼.타이머 활성 여부▼ 값] 블록에 [공통 블록] → [논
  리] → [거짓▼] 블록을 끼워 넣는다.

- [블록] → [스톱_체크] → [지정하기 스톱_체크▼.선택 여부▼ 값] 블록에 [공통 블록] →
  [논리] → [거짓▼] 블록을 끼워 넣는다.

- [공통 블록] → [변수] → [지정하기 global start▼ 값] 블록에 [공통 블록] → [수학] → [0]
  블록을 끼워 넣는다.

- [공통 블록] → [변수] → [지정하기 global 시▼ 값] 블록에 [공통 블록] → [수학] → [0]
  블록을 끼워 넣는다. 같은 방법으로 분, 초 블록을 끼워 넣는다.

- [블록] → [스톱_시계] → [지정하기 스톱_시계▼.텍스트▼ 값] 블록에 [공통 블록] → [텍
  스트] → ["□"] 블록을 연결하여 "00:00:00"을 입력한다.

SECTION 4
연습 문제

1. **가속도 센서와 공 컴포넌트를 이용하여 아래의 출력형태와 같은 앱을 만들어 봅시다.**

> 가속도 센서의 X가속도와 Y가속도를 화면에 표시해 주고, X가속도와 Y가속도의 값에 따라 공 컴포넌트가 캔버스 영역에서 움직이도록 설정한다.

※ 디자인은 출력형태를 토대로 자유롭게 설계한다.

- 프로젝트명: ch_11_ex_1

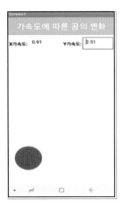

컴포넌트	속성 및 조건
레이블	제목 등 완성 앱 참조하여 자유롭게 설정
수평배치	1개 이상의 컴포넌트 배치에 사용
텍스트 상자	가속도 센서의 x가속도와 y가속도 값 표시
캔버스	공이 움직일 수 있는 영역
공	x가속도와 y가속도에 따라 공의 위치 지정
이미지 스프라이트	공 컴포넌트 지정

2. 시계와 슬라이더 컴포넌트를 이용하여 아래의 출력형태와 같은 앱을 만들어 봅시다.

시계 컴포넌트에 의해 현재 시간을 알려주고 슬라이더에 의해 설정된 시간에 소리가 자동으로 재생되도록 한다.

※ 디자인은 출력형태를 토대로 자유롭게 설계한다.

- 프로젝트명: ch_11_ex_2

컴포넌트	속성 및 조건
레이블	제목 등 완성 앱 참조하여 자유롭게 설정
수평배치	1개 이상의 컴포넌트 배치에 사용
슬라이더	24시간을 슬라이더의 요소 값으로 설정하고 레이블에 시간 표시
버튼	설정된 시간에 소리파일을 재생하거나 중지
시계	현재의 시간을 표시해 준다.
소리	자유롭게 소리 파일 업로드

3. 가속도 센서와 시계 컴포넌트를 이용하여 아래의 출력형태와 같은 앱을 만들어 봅시다.

제한시간 60초 동안 가속도 센서를 이용한 무당벌레를 움직여서 랜덤으로 움직이는 공에 닿으면 점수를 3점씩 증가시킨다.

※ 디자인은 출력형태를 토대로 자유롭게 설계한다.

- 프로젝트명: ch_11_ex_3

컴포넌트	속성 및 조건
레이블	제목 등 완성 앱 참조하여 자유롭게 설정
수평배치	1개 이상의 컴포넌트 배치에 사용
캔버스	무당벌레 이미지가 움직일 수 있는 영역
이미지 스프라이트	무당벌레 이미지 설정
공, 시계	랜덤으로 공의 위치 설정, 제한시간 60초 설정
가속도 센서	가속도 센서의 X가속도, Y가속도를 움직여서 무당벌레가 공에 닿도록 점수가 3점씩 증가
버튼	게임 시작과 중지, 재시작 설정

4. 바코드 센서를 이용하여 아래의 출력형태와 같은 앱을 만들어 봅시다.

> 바코드 센서로 스캔한 QR 코드의 웹 주소와 웹 뷰어 영역에 주소를 연결하여 표시한다.

※ 디자인은 출력형태를 토대로 자유롭게 설계한다.

- 프로젝트명: ch_11_ex_4

컴포넌트	속성 및 조건
레이블	제목 등 완성 앱 참조하여 자유롭게 설정
수평배치	1개 이상의 컴포넌트 배치에 사용
바코드 스캐너	QR 코드 읽기
버튼	QR 코드 스캔, 스캔한 QR 코드 정보 지우기
웹뷰어	QR 코드의 스캔한 정보를 표시

CHAPTER 12에서는 Sensor를 활용하여 지도 검색 앱과 만보기 앱을 만들어보도록 한다. 이 단원에서는 위치센서(Location Sensor), 방향센서(Orientation Sensor), 보수계(Pedometer), 근접 센서(Proximity Sensor)의 이벤트와 속성을 활용하고자 한다.

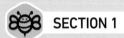 SECTION 1

Sensors II 기본 익히기

학습목표

1. Sensor의 기능과 특징을 이해할 수 있다.
2. Sensor를 활용하여 앱을 만들 수 있다.

1. 위치 센서(Location Sensor)

위치 센서(Location Sensor)는 경도, 위도, 고도(장치가 지원하는 경우), 속도 (장치가 지원하는 경우) 및 주소를 비롯한 위치 정보를 제공하는 보이지 않는 구성 요소이다.

주어진 주소(반드시 현재 주소는 아님)를 위도(LatitudeFromAddress 메소드) 및 경도(LongitudeFromAddress 메소드)로 변환하는 "지오 코딩"을 수행할 수 있다.

위치센서가 작동할 수 있도록 Enabled 속성이 True로 설정되어 있어야 하며 무선 네트워크 또는 GPS 위성(실외 인 경우)을 통해 장치의 위치 감지가 가능해야 한다.

앱이 시작될 때, 위치 정보가 즉시 제공되지 않을 수도 있다. 따라서 Sensor가 인식하는지를 확인하고, 건물 안 위치 센서를 활용할 때에는 대부분 휴대폰의 Wifi를 사용함으로 **휴대폰의 Wifi 설정**에서 위치를 **배터리 절전**으로 설정한다.

■ 위치 센서(Location Sensor)블록

위치 센서 블록(Location Sensor)	설명
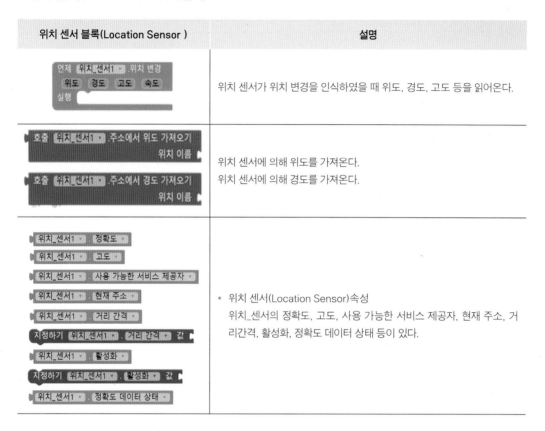	위치 센서가 위치 변경을 인식하였을 때 위도, 경도, 고도 등을 읽어온다.
	위치 센서에 의해 위도를 가져온다. 위치 센서에 의해 경도를 가져온다.
	• 위치 센서(Location Sensor)속성 위치_센서의 정확도, 고도, 사용 가능한 서비스 제공자, 현재 주소, 거리간격, 활성화, 정확도 데이터 상태 등이 있다.

■ Map 컴포넌트

Map 컴포넌트는 App Inventer에서 제공하는 지도 앱이나 지도 서비스를 하는 업체(구글, 네이버, 다음 등)의 정보를 활용할 수 있다.

2. 방향 센서(Orientation Sensor)

방향 센서(Orientation Sensor)는 휴대폰의 공간 방향을 결정하는 것으로, 방향 센서에는 다음 세 가지 값을 각도 단위로 보고하는 보이지 않는 구성 요소다.

■ 방향 센서(Orientation Sensor)블록

방향 센서(Orientation Sensor)	설명
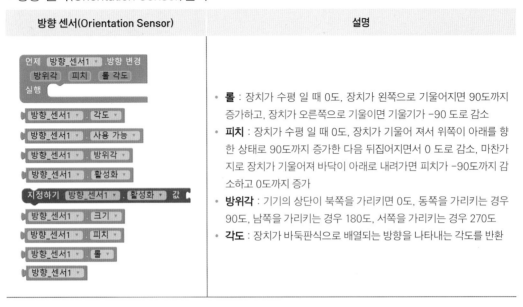	• **롤** : 장치가 수평 일 때 0도, 장치가 왼쪽으로 기울어지면 90도까지 증가하고, 장치가 오른쪽으로 기울이면 기울기가 −90 도로 감소 • **피치** : 장치가 수평 일 때 0도, 장치가 기울어 져서 위쪽이 아래를 향한 상태로 90도까지 증가한 다음 뒤집어지면서 0 도로 감소, 마찬가지로 장치가 기울어져 바닥이 아래로 내려가면 피치가 −90도까지 감소하고 0도까지 증가 • **방위각** : 기기의 상단이 북쪽을 가리키면 0도, 동쪽을 가리키는 경우 90도, 남쪽을 가리키는 경우 180도, 서쪽을 가리키는 경우 270도 • **각도** : 장치가 바둑판식으로 배열되는 방향을 나타내는 각도를 반환

3. 근거리 무선 통신(NFC : Near Field Communication)

NFC는 13.56MHz의 대역의 아주 가까운 거리의 무선 통신을 하기 위한 보이지 않는 구성 요소이다.

현재 이 구성 요소는 텍스트 태그의 읽기 및 쓰기만 지원한다. (장치에서 지원하는 경우)

텍스트 태그를 읽고 쓰려면 구성 요소의 ReadMode속성을 각각 True 또는 False로 설정 해야한다. (이 구성 요소는 모든 App Inventor 앱의 Screen1에서만 작동)

4. 보수계(Pedometer)

보수계(Pedometer)는 걸음 수를 셀 수 있는 컴포넌트이다. Accelerometer(가속도계)를 통해 동작을 감지하고 단계가 수행되었는지를 확인하며, 구성 가능한 보폭을 사용하여 이동 거리도 추정할 수 있다.

■ 보수계(Pedometer)블록

보수계 (Pedometer)	설명
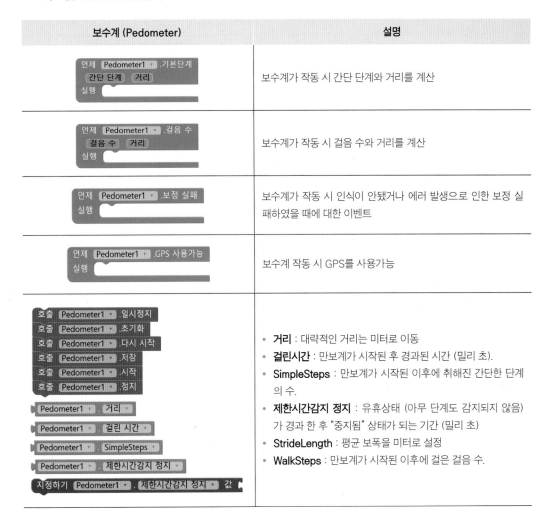	보수계가 작동 시 간단 단계와 거리를 계산
	보수계가 작동 시 걸음 수와 거리를 계산
	보수계가 작동 시 인식이 안됐거나 에러 발생으로 인한 보정 실패하였을 때에 대한 이벤트
	보수계 작동 시 GPS를 사용가능
	• **거리** : 대략적인 거리는 미터로 이동 • **걸린시간** : 만보계가 시작된 후 경과된 시간 (밀리 초). • **SimpleSteps** : 만보계가 시작된 이후에 취해진 간단한 단계의 수. • **제한시간감지 정지** : 유휴상태 (아무 단계도 감지되지 않음)가 경과 한 후 "중지됨" 상태가 되는 기간 (밀리 초) • **StrideLength** : 평균 보폭을 미터로 설정 • **WalkSteps** : 만보계가 시작된 이후에 걸은 걸음 수.

5. 근접 센서(Proximity Sensor)

근접 센서(Proximity Sensor)는 휴대폰과 물체의 근접도(cm 단위)를 측정할 수 있는 센서이다. 따라서 Proximity Sensor는 일반적으로 헤드셋을 사람의 귀에 대고 있는지 여부를 확인하는 곳에 사용된다. 즉, 객체가 기기에서 얼마나 멀리 떨어져 있는지 확인할 수 있으며, 많은 장치가 절대 거리(cm)를 반환하지만 일부는 가까운 값과 먼 값만 반환한다. 즉, Sensor는 대개 스마트폰이 물체와의 거리를 지원하는 범위에서의 가장 먼거리 값과 가장 가까운 거리의 값을 반환한다. (보통 가까운 값은 0의 값, 먼 거리의 값은 8의 값을 반환하는 경우가 많으나 스마트폰에 따라 다를 수 있다.)

■ 근접 센서(Proximity Sensor)블록

근접 센서(Proximity Sensor)	설명

	• **언제 근접_센서1.ProcimityChanged 이벤트** : 장치에 대한 객체의 거리 (cm)가 변경되면 호출
	
	• **근접 센서의 속성**
	  – 장치에 근접 센서 사용 여부 보고
	  – 객체에서 장치까지의 거리를 반환
	  – 근접 센서의 활성화
	  – 사용 설정되면 기기는 근접한 변화를 수신 대기
	  – 최대 범위 보고
	  – 백그라운드 작동 유지

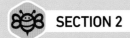

SECTION 2

지도 검색 프로젝트

학습목표

1. 위치 센서(Location Sensor) 컴포넌트의 블록을 이해할 수 있다.
2. 위치 센서(Location Sensor)를 활용할 수 있다.
3. 위치 센서와 지도를 연결할 수 있다.

프로젝트 이름: map_01

이번 SECTION에서는 위치 센서를 활용하여 지도 검색 앱을 만들고자 한다.

현재 위치의 정보와 주변의 맛집, 주유소 정보를 확인할 수 있으며, 음성 검색을 연결해 본다.

1. 프로젝트 설계

알고리즘	1. 위치 센서(Location Sensor) 연결하기 2. 위치 정보 읽어오기 3. 센서를 이용하여 주변 정보(맛집, 주유소) 연결하기 4. 음성 검색 연결하기
프로그래밍 요소	1. 텍스트 분할 2. 웹 뷰어 3. 음성 인식

※ Sensor를 사용한 앱은 스마트폰의 Sensor를 사용함으로써 에뮬레이터로 테스트가 불가능한 컴포넌트가 많다. 따라서, 프로젝트를 만든 후 QR 코드 인식 앱으로 스마트폰에 앱을 설치하여 실행 결과를 확인하도록 한다.

2. 완성 앱 미리 보기

3. 디자인 설계

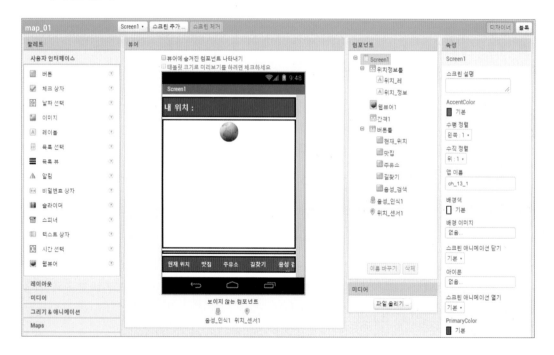

4. 컴포넌트 설계

map_01 앱을 만들기 위해 필요한 컴포넌트와 속성은 다음 표를 참고한다.

컴포넌트	이름 수정	속성
수평배치	위치정보틀	수직 정렬: 가운데, 배경색: 파랑, 높이: 15 percent, 너비: 부모에 맞추기
레이블	위치_레	글꼴 굵게, 글꼴 크기: 20, 텍스트: 내 위치 :, 텍스트 색상 : 흰색
레이블	내위치정보	글꼴 굵게, 글꼴 크기: 16 너비: 부모에 맞추기, 텍스트 색상: 흰색
웹 뷰어	웹 뷰어	높이: 70 percent, 너비: 부모에 맞추기, 위치 정보 사용
수평배치	간격1	배경색 : 밝은 회색, 높이:1 percent, 너비: 부모에 맞추기
수평배치	버튼틀	수평 정렬: 중앙, 수직 정렬: 가운데, 배경색: 파랑, 높이: 6 percent, 너비: 부모에 맞추기
버튼	현재_위치	배경색: 파랑, 글꼴 굵게, 텍스트: 현재 위치, 텍스트 색상: 흰색
버튼	맛집	배경색: 파랑, 글꼴 굵게, 텍스트: 맛집, 텍스트 색상: 흰색
버튼	주유소	배경색: 파랑, 글꼴 굵게, 텍스트: 주유소, 텍스트 색상: 흰색
버튼	길찾기	배경색: 파랑, 글꼴 굵게, 텍스트: 길찾기, 텍스트 색상: 흰색
버튼	음성_검색	배경색: 빨강, 글꼴 굵게, 글꼴 크기: 12, 텍스트: 음성 검색, 텍스트 색상: 흰색
위치센서	위치_센서1	–
음성인식	음성_인식1	–

5. 전체 블록코딩 소스

언제 맛집 ▾ .클릭
실행 호출 웹뷰어1 ▾ .URL로 이동
url ⚙ 합치기 " https://www.google.co.kr/maps/search/음식점/@ "
위치_센서1 ▾ . 위도
" @ "
위치_센서1 ▾ . 경도

언제 주유소 ▾ .클릭
실행 호출 웹뷰어1 ▾ .URL로 이동
url ⚙ 합치기 " https://www.google.co.kr/maps/search/주유소/@ "
위치_센서1 ▾ . 위도
" @ "
위치_센서1 ▾ . 경도

언제 길찾기 ▾ .클릭
실행 호출 웹뷰어1 ▾ .URL로 이동
url ⚙ 합치기 " https://www.google.com/maps/@ "
위치_센서1 ▾ . 위도
" @ "
위치_센서1 ▾ . 경도

언제 음성_검색 ▾ .클릭
실행 호출 음성_인식1 ▾ .텍스트 가져오기

언제 음성_인식1 ▾ .텍스트 가져온 후
결과
실행 호출 웹뷰어1 ▾ .URL로 이동
url ⚙ 합치기 " https://www.google.co.kr/?gws rd=ssl#newwindow=1... "
가져오기 결과

6. 블록코딩 소스 설명

- 앱에 사용되는 구글의 주요 사이트
- 구글지도 : https://www.google.co.kr/maps/@ (앱 연결 후 내위치를 클릭한다.)
           or https://www.google.com/maps?q=
- 주변 맛집: https://www.google.co.kr/maps/search/음식점/@
- 주변 주유소 : https://www.google.co.kr/maps/search/주유소/@
- 길찾기 : https://www.google.com/maps/@
- 음성 정보 검색 : https://www.google.co.kr/?gws rd=ssl#newwindow=1&q=

(1) Screen1 초기화

위치 센서로 현재 위치의 주소 읽는다.

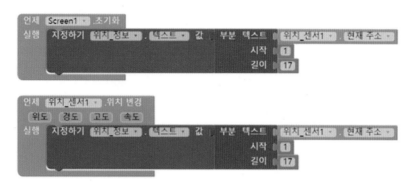

01 [블록] → [Screen1] → [언제 Screen1.초기화] 블록을 선택하여 뷰어에 끌어다 놓고 다음
과 같은 블록을 끼워 넣는다.

* [블록] → [위치_정보] → [지정하기 위치_정보▼.텍스트▼ 값] 블록에 [공통 블록] → [텍
스트] → [부분 텍스트] 블록을 끼워 넣고 텍스트에는 [블록] → [위치_센서1] → [위치_
센서1▼.현재 주소▼], 시작에는 [공통 블록] → [수학] → [0] 블록에 "1"을 입력, 길이에
는 [공통 블록] → [수학] → [0] 블록을 연결하여 "17"을 입력한다. (현재 주소의 17 글
자 추출)

02 [블록] → [위치_센서1] → [언제 위치_센서1.위치 변경] 블록을 선택하여 뷰어에 끌어다 놓
고 다음과 같은 블록을 끼워 넣는다.

* [블록] → [위치_정보] → [지정하기 위치_정보▼.텍스트▼ 값] 블록에 [공통 블록] → [텍
스트] → [부분 텍스트] 블록을 끼워 넣고 텍스트에는 [블록] → [위치_센서1] → [위치_센
서1▼.현재 주소▼], 시작에는 [공통 블록] → [수학] → [0] 블록에 "1"을 입력, 길이에는
[공통 블록] → [수학] → [0] 블록을 연결하여 "17"을 입력한다. (위치 변경 시 현재 위
치의 주소 17 글자 추출)

(2) 현재 위치, 맛집, 주유소, 길찾기

위치 센서로 현재 위치의 정보를 웹뷰어 표시

01 [블록] → [현재_위치] → [언제 현재_위치▼.클릭] 블록을 선택하여 뷰어에 끌어다 놓고 다음과 같은 블록을 끼워 넣는다.

- [블록] → [웹뷰어1] → [호출 웹뷰어1▼.URL로 이동] 블록에 [공통 블록] → [텍스트] → [⚙ 합치기] 블록을 끼워 넣고, 항목을 추가하여 [공통 블록] → [텍스트] → ["□"] 블록에 "https://www.google.co.kr/maps/@"을 입력, [블록] → [위치_센서1] → [위치_센서▼.위도▼], [공통 블록] → [텍스트] → ["□"] 블록에 ","를 입력한 후 [블록] → [위치_센서1] → [위치_센서▼.경도▼] 블록을 연결하여 끼워 넣는다.

02 [블록] → [맛집] → [언제 맛집▾.클릭] 블록을 선택하여 뷰어에 끌어다 놓고 다음과 같은 블록을 끼워 넣는다.

- [블록] → [웹뷰어1] → [호출 웹뷰어1▾.URL로 이동] 블록에 [공통 블록] → [텍스트] → [⚙ 합치기] 블록을 끼워 넣고, 항목을 추가하여 [공통 블록] → [텍스트] → ["□"] 블록에 "https://www.google.co.kr/maps/search/음식점/@"을 입력, [블록] → [위치_센서1] → [위치_센서▾.위도▾], [공통 블록] → [텍스트] → ["□"] 블록에 ","를 입력한 후 [블록] → [위치_센서1] → [위치_센서▾.경도▾] 블록을 연결하여 끼워 넣는다.

03 [블록] → [주유소] → [언제 주유소▾.클릭] 블록을 선택하여 뷰어에 끌어다 놓고 다음과 같은 블록을 끼워 넣는다.

- [블록] → [웹뷰어1] → [호출 웹뷰어1▾.URL로 이동] 블록에 [공통 블록] → [텍스트] → [⚙ 합치기] 블록을 끼워 넣고, 항목을 추가하여 [공통 블록] → [텍스트] → ["□"] 블록에 "https://www.google.co.kr/maps/search/주유소/@"을 입력, [블록] → [위치_센서1] → [위치_센서▾.위도▾], [공통 블록] → [텍스트] → ["□"] 블록에 ","를 입력한 후 [블록] → [위치_센서1] → [위치_센서▾.경도▾] 블록을 연결하여 끼워 넣는다.

04 [블록] → [길찾기] → [언제 길찾기▾.클릭] 블록을 선택하여 뷰어에 끌어다 놓고 다음과 같은 블록을 끼워 넣는다.

- [블록] → [웹뷰어1] → [호출 웹뷰어1▾.URL로 이동] 블록에 [공통 블록] → [텍스트] → [⚙ 합치기] 블록을 끼워 넣고, 항목을 추가하여 [공통 블록] → [텍스트] → ["□"] 블록에 "https://www.google.com/maps/@"을 입력, [블록] → [위치_센서1] → [위치_센서▾.위도▾], [공통 블록] → [텍스트] → ["□"] 블록에 ","를 입력한 후 [블록] → [위치_센서1] → [위치_센서▾.경도▾] 블록을 연결하여 끼워 넣는다.

(3) 음성 검색과 음성 인식

음성을 인식하여 정보 검색

☐1 [블록] → [음성_검색] → [언제 음성_검색 ▼.클릭] 블록을 선택하여 뷰어에 끌어다 놓고,
[블록] → [음성_인식1] → [호출 음성_인식1 ▼.텍스트 가져오기] 블록을 끼워 넣는다.

☐2 [블록] → [음성_인식1] → [언제 음성_인식1 ▼.텍스트 가져온 후] 블록을 선택하여 뷰어에
끌어다 놓는다.

- [블록] → [웹뷰어1] → [호출 웹뷰어1 ▼.URL로 이동] 블록의 url에는 [공통 블록] → [텍스
트] → [⚙ 합치기] 블록을 끼워 넣고, [공통 블록] → [텍스트] → ["□"] 블록에 "https://
www.google.co.kr/?gws_rd=ssl#newwindow=1&q="를 입력한 후 [언제 음성_검색
▼.클릭] 블록의 [가져오기 결과] 블록을 연결하여 끼워 넣는다.

만보기 프로젝트

학습목표

1. Pedometer 컴포넌트의 블록을 이해할 수 있다.
2. Pedometer 컴포넌트를 활용할 수 있다.
3. 걸음수와 거리 수치를 알 수 있다.

프로젝트 이름: pedometer_02

이번 SECTION에서는 Pedometer를 이용하여 만보기 앱을 만들고자 한다. 하루 동안의 걸음 수와 거리 수치, 목표 걸음의 달성 여부를 화면에 표시하도록 한다.

1. 프로젝트 설계

알고리즘	1. Pedometer 센서 걸음 수, 거리 측정 2. 목표 걸음수 설정 3. 오늘의 날짜 표시 4. 목표 걸음수 달성 여부 판정
프로그래밍 요소	1. Pedometer : 걸음 수 거리 측정 2. 논리 : 만일 ~ 그러면 ~ 아니면 3. clock : 날짜

2. 완성 앱 미리 보기

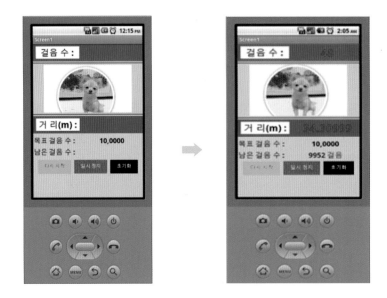

3. 디자인 설계

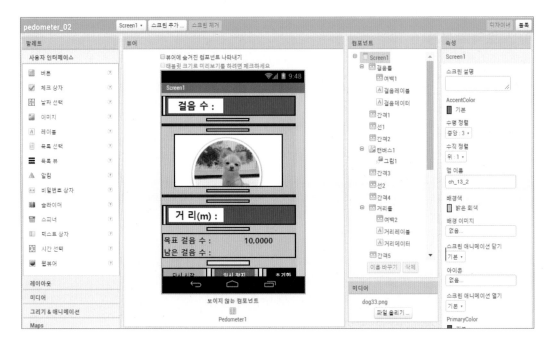

4. 컴포넌트 설계

pedometer_02 앱을 만들기 위해 필요한 컴포넌트와 속성은 다음 표를 참고한다.

컴포넌트	이름 수정	속성
Screen1	Screen1	수평 정렬: 중앙, 배경색: 밝은 회색
수평배치	걸음틀	수직 정렬: 가운데, 배경색: 파랑, 높이: 10 percent, 너비: 부모에 맞추기
수평배치	여백1	너비: 2 percent
레이블	걸음레이블	글꼴 굵게, 글꼴 크기: 25, 너비: 40 percent, 텍스트: 걸음 수 : 텍스트 정렬: 가운데
레이블	걸음데이터	글꼴 굵게, 글꼴 크기: 30, 너비: 60 percent, 텍스트: (공백), 텍스트 정렬: 가운데, 텍스트 색상: 빨강
수평배치	간격1	높이: 1 percent
수평배치	선1	배경색: 파랑, 높이: 2 percent, 너비: 부모에 맞추기
수평배치	간격2	높이: 1 percent
캔버스	캔버스1	배경색: 흰색, 높이: 33 percent, 너비: 80 percent
이미지스프라이트	그림1	높이: 180 pixels, 너비: 180 pixels, 사진: dog33.png, x: 33, y: 0
수평배치	간격3	높이: 1 percent
수평배치	선2	배경색: 파랑, 높이: 2 percent, 너비: 부모에 맞추기
수평배치	간격4	높이: 1 percent
수평배치	거리틀	수직 정렬: 가운데, 배경색: 파랑, 높이: 10 percent, 너비: 부모에 맞추기
수평배치	여백2	너비: 2 percent
레이블	거리레이블	글꼴 굵게, 글꼴 크기: 25, 너비: 40 percent, 텍스트: 거리(m), 텍스트 정렬: 가운데
레이블	거리데이터	글꼴 굵게, 글꼴 크기: 30, 너비: 60 percent, 텍스트: (공백), 텍스트 정렬: 가운데, 텍스트 색상: 빨강
수평배치	간격5	높이: 1 percent
표배치	표배치1	열: 2, 높이: 13 percent, 너비: 부모에 맞추기, 행: 2
레이블	목표레이블	글꼴 굵게, 글꼴 크기: 20, 너비: 40 percent, 텍스트: 목표 걸음 수 :
레이블	목표걸음	글꼴 굵게, 글꼴 크기: 20, 너비: 60 percent, 텍스트: 10,000, 텍스트 정렬: 가운데
레이블	남은레이블	글꼴 굵게, 글꼴 크기: 20, 너비: 40 percent, 텍스트: 남은 걸음 수 :
레이블	남은_걸음	글꼴 굵게, 글꼴 크기: 20, 너비: 60 percent, 텍스트: (공백), 텍스트 정렬: 가운데
수평배치	간격6	높이: 1 percent
수평배치	버튼틀	수평 정렬: 중앙, 수직 정렬: 가운데, 높이: 8 percent, 너비: 부모에 맞추기

컴포넌트	이름 수정	속성
버튼	재시작	배경색: 초록, 글꼴 굵게, 너비: 30 percent, 모양: 직사각형, 텍스트: 다시 시작, 텍스트 색상: 흰색
수평배치	세로1	너비: 3 percent
버튼	정지	배경색: 빨강, 글꼴 굵게, 너비: 30 percent, 모양: 직사각형, 텍스트: 일시 정지
수평배치	세로2	너비: 3 percent
버튼	초기화	배경색: 검정, 글꼴 굵게, 너비: 25 percent, 모양: 직사각형, 텍스트: 초기화, 텍스트 색상: 흰색
Pedometer1	Pedometer1	–
미디어		dog33.png

■ 미디어 파일 올리기

[컴포넌트] → [미디어] → [파일 올리기] → [이미지 선택]을 클릭하여 해당 이미지 파일을 한 개씩 업로드 한다. (dog33.png)

5. 전체 블록코딩 소스

언제 재시작 ▼ .클릭
실행   호출 Pedometer1 ▼ .다시 시작

언제 정지 ▼ .클릭
실행   호출 Pedometer1 ▼ .일시정지

언제 초기화 ▼ .클릭
실행   호출 Pedometer1 ▼ .초기화
      지정하기 걸음데이터 ▼ . 텍스트 ▼ 값 (" 0 "
      지정하기 거리데이터 ▼ . 텍스트 ▼ 값 (" 0 "

6. 블록코딩 소스 설명

■ 제어	■ 논리	■ 수학	■ 텍스트	■ 리스트
■ 색상	■ 변수	■ 함수	■ 컴포넌트 속성	

(1) 전역변수, Screen1 초기화, 걸음수

전역변수 생성, 앱 시작 시 Pedometer 걸음 수 측정

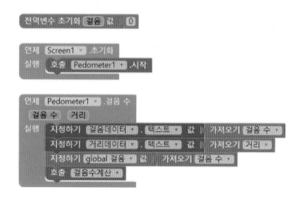

전역변수 초기화 걸음 값 (0)

언제 Screen1 ▼ .초기화
실행   호출 Pedometer1 ▼ .시작

언제 Pedometer1 ▼ .걸음 수
걸음 수   거리
실행   지정하기 걸음데이터 ▼ . 텍스트 ▼ 값 (가져오기 걸음 수 ▼
      지정하기 거리데이터 ▼ . 텍스트 ▼ 값 (가져오기 거리 ▼
      지정하기 global 걸음 ▼ 값 (가져오기 걸음 수 ▼
      호출 걸음수계산 ▼

01 [공통 블록] → [변수] → [전역변수 초기화 변수 이름 값] 블록을 선택하여 뷰어에 끌어다 놓고, 변수 이름으로 "걸음"을 입력한 후 [공통 블록] → [수학] → [0] 블록을 끼워 넣는다.

02 [블록] → [Screen1] → [언제 Screen1 ▼ .초기화] 블록을 선택하여 뷰어에 끌어다 놓고, [블록] → [Pedometer1] → [호출 Pedometer1 ▼ . 시작] 블록을 끼워 넣는다.

03 [블록] → [Pedometer1] → [언제 Pedometer1 ▼ .걸음 수] 블록을 선택하여 뷰어에 끌어다 놓고, 다음과 같은 블록을 끼워 넣는다.

- [블록] → [걸음데이터] → [지정하기 걸음데이터▼.텍스트▼ 값] 블록에 [언제 Pedom-eter1▼.걸음 수] → [가져오기 걸음 수▼] 블록을 끼워 넣는다.

- [블록] → [거리데이터] → [지정하기 거리데이터▼.텍스트▼ 값] 블록에 [언제 Pedom-eter1▼.걸음 수] → [가져오기 거리▼] 블록을 끼워 넣는다.

- [공통 블록] → [변수] → [지정하기 global 걸음▼ 값] 블록에 [언제 Pedometer1▼.걸음 수] → [가져오기 걸음 수▼] 블록을 끼워 넣는다.

- [공통 블록] → [함수] → [함수 함수 이름 실행] 블록을 선택하여 함수 이름에 "걸음수계산"이라고 입력한 후 [공통 블록] → [함수] → [호출 걸음수계산▼] 블록을 끼워 넣는다.

(2) 함수 생성

Pedometer에 의해 측정된 걸음수가 목표 걸음수를 달성했는지를 평가

01 [공통 블록] → [함수] → [함수 걸음수계산 실행] 블록을 선택하여 뷰어에 끌어다 놓고, 다음과 같은 블록을 끼워 넣는다.

- [공통 블록] → [제어] → [⚙ 만약 그러면] 블록의 만약에는 [공통 블록] → [수학] → [□ ≥▼□], [공통 블록] → [변수] → [가져오기 global 걸음▼], [공통 블록] → [수학] → [0] 블록을 연결한 후 "10000"을 입력한다.

- [제어] → [⚙ 만약 그러면] 블록의 그러면에는 [블록] → [남은_걸음] → [지정하기 남은_걸음▼.텍스트 색상▼ 값] 블록에 [공통 블록] → [색상] → [⬛] 블록을 끼워 넣는다.

- [제어] → [⚙ 만약 그러면] 블록의 그러면에는 [블록] → [남은_걸음] → [지정하기 남은_걸음▼.텍스트▼ 값] 블록에 [공통 블록] → [텍스트] → [⚙ 합치기] 블록을 끼워 넣고, [공통 블록] → [텍스트] → ["□"] 블록에 "목표달성("를 입력, [공통 블록] → [변수] → [가져오기 global 걸음▼] 블록, [공통 블록] → [텍스트] → ["□"] 블록을 연결하여 ")"를 입력한다.

- [제어] → [⚙ 만약 그러면] 블록의 왼쪽 ⚙ 기호를 클릭하여 아니면 블록을 추가한다.
- [⚙ 만약 그러면] 블록의 아니라면에는 [블록] → [남은_걸음] → [지정하기 남은_걸음 ▼.텍스트 색상▼ 값] 블록에 [공통 블록] → [색상] → [■] 블록을 끼워 넣는다.
- [제어] → [⚙ 만약 그러면] 블록의 아니라면에는 [블록] → [남은_걸음] → [지정하기 남은_걸음▼.텍스트▼ 값] 블록에 [공통 블록] → [텍스트] → [⚙ 합치기] 블록을 끼워 넣고, [공통 블록] → [수학] → [□-□], [공통 블록] → [수학] → [0] 블록에 "10000"를 입력, [공통 블록] → [변수] → [가져오기 global 걸음▼] 블록을 연결하여 끼워 넣고, [공통 블록] → [텍스트] → ["□"] 블록을 연결하여 "걸음"을 입력한다.

(3) 재시작, 정지, 초기화

걸음 수 측정시 정지, 재시작, 초기화 설정

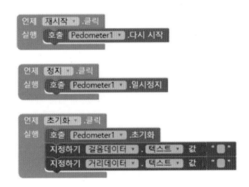

01 [블록] → [재시작] → [언제 재시작▼. 클릭] 블록을 선택하여 뷰어에 끌어다 놓고, [블록] → [Pedometer1] -[호출 Pedometer1▼. 다시시작] 블록을 끼워 넣는다.

02 [블록] → [정지] → [언제 정지▼. 클릭] 블록을 선택하여 뷰어에 끌어다 놓고, [블록] → [Pedometer1] → [호출 Pedometer1▼. 일시정지] 블록을 끼워 넣는다.

03 [블록] → [초기화] → [언제 초기화▼. 클릭] 블록을 선택하여 뷰어에 끌어다 놓고, [블록] → [Pedometer1] → [호출 Pedometer1▼. 초기화] 블록을 끼워 넣는다.

- [블록] → [걸음데이터] → [지정하기 걸음데이터▼.텍스트▼ 값] 블록에 [공통 블록] → [텍스트] → ["□"] 블록을 끼워 넣는다.
- [블록] → [거리데이터] → [지정하기 거리데이터▼.텍스트▼ 값] 블록에 [공통 블록] → [텍스트] → ["□"] 블록을 끼워 넣는다.

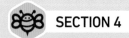

SECTION 4

연습 문제

1. Pedometer Sensor를 이용하여 아래의 출력 형태와 같은 만보기 앱을 만들어 봅시다.

> Pedometer 센서를 이용하여 걸음 수와 이동 거리를 측정하여 출력하고, 걸음 수에 따라 10,000이상일 때는 '목표달성', 8,000이상 10,000미만은 '양호', 나머지는 '운동부족'이 판정 컴포넌트에 표시되도록 설정하고 초기화 버튼을 클릭하여 모든 데이터를 지운다.

※ 디자인은 출력형태를 토대로 자유롭게 설계한다.

- 프로젝트명: ch_12_ex_01

컴포넌트	속성 및 조건
레이블	제목 등의 레이블 완성 앱 참조
수평배치	선, 1개 이상의 컴포넌트 배치에 사용
표 배치	4행 2열로 목표 걸음, 오늘의 걸음수, 이동거리, 판정의 레이블과 값 표시
버튼	초기화 버튼, Pedometer 결과 값 지우기
Pedometer	걸음 수와 이동 거리 측정

2. **방향 센서(Orientation Sensor)를 이용하여 출력 형태와 같은 앱을 만들어 봅시다.**

> 별 스프라이트가 방향 센서의 롤, 방위각, 피치를 이용하여 별의 속도와 방향으로 설정하여 움직이게 한다.

※ 디자인은 출력형태를 토대로 자유롭게 설계한다.

- 프로젝트명: ch_12_ex_02

컴포넌트	속성 및 조건
레이블	제목 등 완성 앱 참조
수평배치	1개 이상의 컴포넌트 배치에 사용
캔버스	별 스프라이트가 움직일 수 있는 영역
이미지	별, 방위각 (이미지 파일 :star.png, 333.png)
이미지 스프라이트	star.png 지정
방향 센서	방향 센서를 별 스프라이트가 움직일 수 있도록 방위각 지정, 별의 속도는 롤로 지정

3. **근접 센서를 이용하여 아래의 출력 형태와 같은 만보기 앱을 만들어 봅시다.**

> 근접 센서를 이용하여 거리의 최소 값과 최대 값을 표시하고, 최소 거리일 경우 큰 이미지, 최대 거리일 경우는 작은 이미지가 표시되도록 한다.

※ 디자인은 출력형태를 토대로 자유롭게 설계한다.

- 프로젝트명: ch_12_ex_03

컴포넌트	속성 및 조건
레이블	제목 등 완성 앱 참조
수평배치	1개 이상의 컴포넌트 배치에 사용
근접 센서	근접 센서로 측정된 거리 표시
이미지	근접 센서로 측정된 거리가 가까우면 큰 이미지, 거리가 멀면 작은 이미지로 표시 (222.png 이미지 파일)

4. **방향 센서를 이용하여 아래의 출력 형태와 같은 만보기 앱을 만들어 봅시다.**

> 제한 시간 60초 동안 방향 센서에 의해 움직이는 물고기가 랜덤으로 움직이는 공에 닿으면 점수가 1점씩 증가되고, 제한 시간이 화면에 표시되도록 한다. 게임은 시작과 정지, 다시 시작 버튼을 이용하여 실행시킬 수 있다.

※ 디자인은 출력형태를 토대로 자유롭게 설계한다.

- 프로젝트명: ch_12_ex_04

컴포넌트	속성 및 조건
레이블	제목 등 완성 앱 참조하여 자유롭게 설정
수평배치	1개 이상의 컴포넌트 배치에 사용
시계	제한 시간 설정(60초)
방향 센서	물고기 스프라이트 이동 방향
캔버스	물고기와 공이 움직일 수 있는 영역
이미지 스프라이트	공과 물고기(방향 센서)
공	랜덤으로 움직임
버튼	게임 시작, 정지, 다시 시작
텍스트 상자	남은 시간 표시

CHAPTER 13에서는 메시지 송수신 앱과 파일 저장 앱을 만들어보도록 한다.

- **Social Component** : 전화 걸기, 문자 메시지, 이메일, 공유, 트위터 등을 이용하여 정보를 주고받을 수 있다.

- **Storage** : 파일 저장 장소에는 파일, 퓨전 테이블 제어, TinyDB, TinyWebDB가 있다.

SECTION 1
Social Components와 Storage 기능 익히기

학습목표

1. Social과 Storage 컴포넌트의 특징을 이해할 수 있다.
2. Social 컴포넌트 블록을 활용할 수 있다.
3. Storage 컴포넌트 블록을 활용할 수 있다.

1. Social Component

전화, 문자 메시지, 공유, 트위터, 연락처 선택, 이메일 선택, 전화번호 선택으로 구성된다.

■ 전화

전화번호 컴포넌트는 지정된 번호로 전화를 걸기 위한 것으로 사용자가 저장한 연락처를 선택하여 전화를 걸 수 있다.

전화 블록	설명
언제 전화1▼.전화 받음 phoneNumber 실행	• 언제 전화1▼.전화 받음 이벤트 : 수신 전화가 응답되었을때의 이벤트
언제 전화1▼.전화 종료 상태 phoneNumber 실행	• 언제 전화1▼.전화 종료 이벤트 : 통화가 종료되었을때의 이벤트
언제 전화1▼.전화 시작 상태 phoneNumber 실행	• 언제 전화1▼.전화 시작 이벤트 : 통화가 시작되었을때의 이벤트
호출 전화1▼.전화 걸기 호출 전화1▼.MakePhoneCallDirect 전화1▼.전화번호 지정하기 전화1▼.전화번호▼ 값 전화1▼	• 전화 걸기 호출, 전화번호에 등록된 번호로 전화걸기, 전화번호 등록 및 전화 속성 등이 있다.

■ 문자 메시지

SendMessage 메서드가 호출 될 때 Message 속성에 지정된 텍스트 메시지를 지정된 전화번호로 보낸다.

전화번호(예 : 650-555-1212)를 지정하려면 PhoneNumber 속성을 지정된 숫자가 있는 텍스트 문자열(예 : 6505551212)로 설정하거나, 대시, 점 및 괄호가 포함될 수 있지만(예 : (650)-555-1212) 공백은 포함되지 않을 수 있다.

문자 메시지 블록	설명
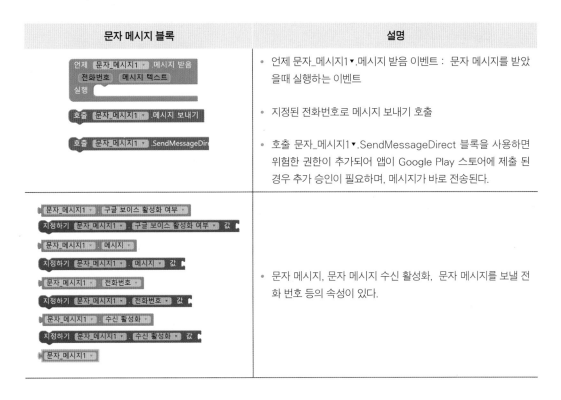	• 언제 문자_메시지1▼.메시지 받음 이벤트 : 문자 메시지를 받았을때 실행하는 이벤트 • 지정된 전화번호로 메시지 보내기 호출 • 호출 문자_메시지1▼.SendMessageDirect 블록을 사용하면 위험한 권한이 추가되어 앱이 Google Play 스토어에 제출 된 경우 추가 승인이 필요하며, 메시지가 바로 전송된다.
	• 문자 메시지, 문자 메시지 수신 활성화, 문자 메시지를 보낼 전화 번호 등의 속성이 있다.

2. Storage

파일, 퓨전 테이블 제어, TinyDB, TinyWebDB로 구성된다.

■ 파일

파일 블록	설명
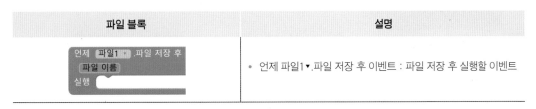	• 언제 파일1▼.파일 저장 후 이벤트 : 파일 저장 후 실행할 이벤트

파일 블록	설명
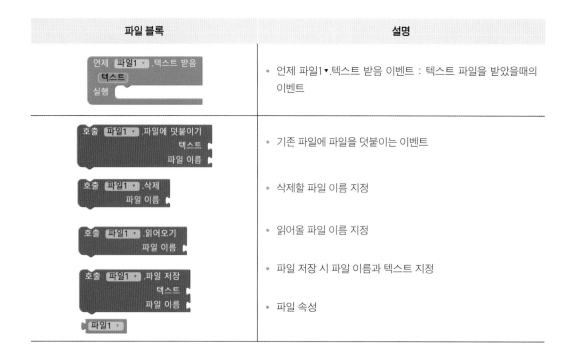	• 언제 파일1▼.텍스트 받음 이벤트 : 텍스트 파일을 받았을때의 이벤트
	• 기존 파일에 파일을 덧붙이는 이벤트
	• 삭제할 파일 이름 지정
	• 읽어올 파일 이름 지정
	• 파일 저장 시 파일 이름과 텍스트 지정
	• 파일 속성

■ TinyDB 블록

TinyDB는 앱에 데이터를 저장할 수 있는 컴포넌트로, App Inventor로 생성된 앱이 실행될 때 데이터를 저장, 편집, 삭제할 수 있는 영구 데이터 저장소이다. 저장위치는 휴대폰의 루트 폴더에 TXT형식으로 저장되며, 저장된 데이터를 휴대폰에서 직접 볼 수 없기 때문에 앱을 통하여 내용을 확인하고 수정할 수 있다.

TinyDB 블록	설명
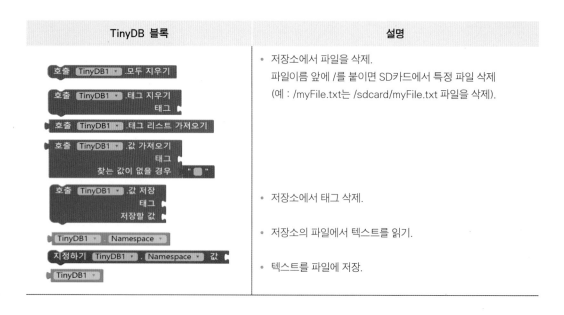	• 저장소에서 파일을 삭제. 파일이름 앞에 /를 붙이면 SD카드에서 특정 파일 삭제 (예 : /myFile.txt는 /sdcard/myFile.txt 파일을 삭제).
	• 저장소에서 태그 삭제.
	• 저장소의 파일에서 텍스트를 읽기.
	• 텍스트를 파일에 저장.

■ TinyWebDB

TinyWebDB는 정보를 저장하고 검색하기 위해 웹 서비스와 통신하는 보이지 않는 구성 요소이다.

TinyWebDB 연결은 구글 클라우드 서버를 이용하여 데이터를 가져오며, 공용 웹서버를 사용함으로 데이터 항목이나 크기에 제한이 있고, 저장한 자료도 계속 유지되지 않으며, 데이터를 가져오는 시간이 필요하다. 따라서 개인용 DB 사용을 위해서는 별도의 웹서버를 구축해야 한다.

개인 TinyWebDB서버 구축은 Python2.7과 구글앱 엔진을 설치하여 사용할 수 있다.

TinyWebDB 블록	설명
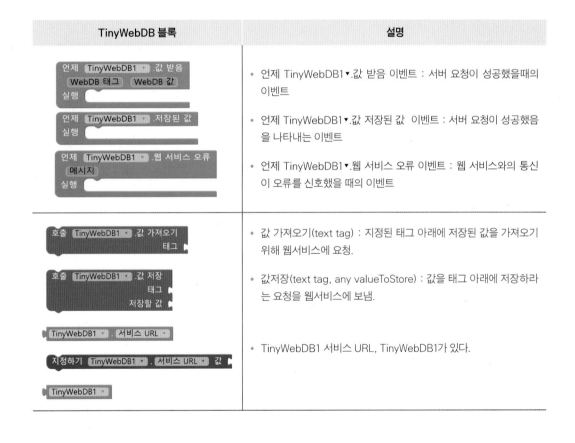	• 언제 TinyWebDB1▼.값 받음 이벤트 : 서버 요청이 성공했을때의 이벤트 • 언제 TinyWebDB1▼.값 저장된 값 이벤트 : 서버 요청이 성공했음을 나타내는 이벤트 • 언제 TinyWebDB1▼.웹 서비스 오류 이벤트 : 웹 서비스와의 통신이 오류를 신호했을 때의 이벤트
	• 값 가져오기(text tag) : 지정된 태그 아래에 저장된 값을 가져오기 위해 웹서비스에 요청. • 값저장(text tag, any valueToStore) : 값을 태그 아래에 저장하라는 요청을 웹서비스에 보냄. • TinyWebDB1 서비스 URL, TinyWebDB1가 있다.

메시지 송수신 프로젝트

학습목표

1. 문자 메시지 블록의 특징과 기능을 이해할 수 있다.
2. 입력된 문자 메시지를 지정된 전화번호로 전송할 수 있다.
3. 수신된 문자 메시지 정보를 확인할 수 있다.

프로젝트 이름: msg_01

이번 SECTION에서는 Social의 문자 메시지와 전화 컴포넌트를 이용하여 메시지 송수신 앱을 만들고자 한다.

스마트폰의 연락처를 이용하여 전화를 걸거나 문자 메시지를 송수신할 수 있도록 한다.

1. 프로젝트 설계

알고리즘	1. 연락처 선택하기 2. 선택한 전화번호로 전화 걸기 3. 선택한 전화번호로 문자 보내기 4. 수신 문자 화면처리 하기
프로그래밍 요소	1. 연락처 선택 : 선택된 전화번호 입력받기 2. 전송 문자 보내기 : SendMessageDirect 3. 수신 문자 처리 : 전화번호, 메시지

2. 완성 앱 미리 보기

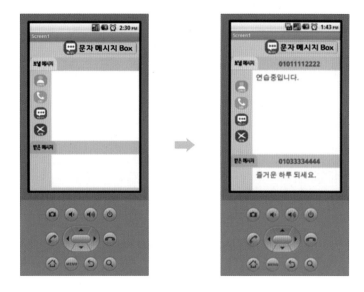

3. 디자인 설계

미디어	t1.png, add1.png, phone1.png, message1.png, d1.png, m1.png, m2.png 이미지 파일을 업로드 한다.

4. 컴포넌트 설계

msg_01 앱을 만들기 위해 필요한 컴포넌트와 속성은 다음 표를 참고한다.

팔레트 도구	이름 수정	속성
Screen1	Screen1	배경색: 밝은 회색
수평배치	제목틀	수평 정렬: 오른쪽, 수직 정렬: 가운데, 높이: 10 percent, 너비: 부모에 맞추기
이미지	제목이미지	높이: 60 pixels, 너비: 220 pixels, 사진: t1.png, 사진 크기 맞추기 선택
수평배치	send틀	수직 정렬: 가운데, 배경색: 분홍, 높이: 8 percent, 너비: 부모에 맞추기
이미지	전송이미지	높이: 40 pixels, 너비: 80 pixels, 사진: m2.png, 사진 크기 맞추기 선택
레이블	전송번호	글꼴 굵게, 글꼴 크기: 20, 너비: 부모에 맞추기, 텍스트: (공백), 텍스트 정렬: 가운데, 텍스트 색상: 파랑
수평배치	보낼틀	높이: 42 percent, 너비: 부모에 맞추기
수직배치	수직틀	수평 정렬: 중앙, 수직 정렬: 가운데, 높이: 42 percent, 너비: 20 percent
연락처 선택	연락처_선택1	높이: 38 pixels, 너비: 38 pixels, 이미지: add1.png, 텍스트: (공백)
수직배치	수직1	높이: 2 percent
버튼	전화	높이: 38 pixels, 너비: 38 pixels, 이미지: phone1.png, 텍스트: (공백)
수직배치	수직2	높이: 2 percent
버튼	메시지	높이: 38 pixels, 너비: 38 pixels, 이미지: message1.png, 텍스트: (공백)
수직배치	수직3	높이: 2 percent
버튼	삭제	높이: 38 pixels, 너비: 38 pixels, 이미지: d1.png, 텍스트: (공백)
수직배치	수직내용틀	높이: 42 percent, 너비: 부모에 맞추기
텍스트상자	송신내용	글꼴 크기: 20, 높이: 42 percent, 너비: 부모에 맞추기, 힌트: (공백), 여러 줄 선택
수평배치	receive틀	수직 정렬: 가운데, 배경색: 분홍, 높이: 8 percent, 너비: 부모에 맞추기
이미지	수신이미지	높이: 40 pixels, 너비: 80 pixels, 사진: m1.png, 사진 크기 맞추기 선택
레이블	수신번호	글꼴 굵게, 글꼴 크기: 20, 너비: 부모에 맞추기, 텍스트: (공백), 텍스트 정렬: 가운데, 텍스트 색상: 파랑
수평배치	수신문자틀	높이: 20 percent, 너비: 부모에 맞추기
수평배치	가로간격	너비: 20 percent
텍스트상자	수신문자	글꼴 크기: 20, 높이: 20 percent, 너비: 부모에 맞추기, 힌트: (공백), 여러 줄 선택
문자 메시지	문자_메시지1	수신 활성화: 항상
전화	전화1	–

5. 전체 블록코딩 소스

언제 연락처_선택1 .선택 후
실행 지정하기 문자_메시지1 . 전화번호 값 연락처_선택1 . 전화번호
지정하기 전송번호 . 텍스트 값 연락처_선택1 . 전화번호

언제 전화 .클릭
실행 지정하기 전화1 . 전화번호 값 연락처_선택1 . 전화번호
호출 전화1 .전화 걸기

언제 메시지 .클릭
실행 지정하기 문자_메시지1 . 메시지 값 송신내용 . 텍스트
호출 문자_메시지1 .SendMessageDirect

언제 삭제 .클릭
실행 지정하기 전송번호 . 텍스트 값 " "
지정하기 송신내용 . 텍스트 값 " "
지정하기 수신번호 . 텍스트 값 " "
지정하기 수신문자 . 텍스트 값 " "

언제 문자_메시지1 .메시지 받음
전화번호 메시지 텍스트
실행 지정하기 수신문자 . 텍스트 값 가져오기 메시지 텍스트
지정하기 수신번호 . 텍스트 값 가져오기 전화번호

6. 블록코딩 소스 설명

■ 제어	■ 논리	■ 수학	■ 텍스트	■ 리스트
■ 색상	■ 변수	■ 함수	■ 컴포넌트 속성	

(1) 연락처 선택 후

선택한 전화번호 송신 번호로 지정하기

01 [블록] → [연락처_선택1] → [언제 연락처_선택1 ▼.선택 후] 블록을 선택하여 뷰어에 끌어
다 놓고 다음과 같은 블록을 끼워 넣는다.

- [블록] → [문자_메시지1] → [지정하기 문자_메시지1 ▼.전화번호 ▼ 값] 블록에 [블록] →
  [연락처_선택1] → [연락처_선택1 ▼.전화번호 ▼] 블록을 끼워 넣는다.

- [블록] → [전송번호] → [지정하기 전송번호 ▼.텍스트 ▼ 값] 블록에 [블록] → [연락처_선
  택1] → [연락처_선택1 ▼.전화번호 ▼] 블록을 끼워 넣는다.

(2) 전화 클릭

선택한 전화번호로 전화 걸기

01 [블록] → [전화] → [언제 전화 ▼.클릭] 블록을 선택하여 뷰어에 끌어다 놓고 다음과 같은
블록을 끼워 넣는다.

- [블록] → [전화1] → [지정하기 전화1 ▼.전화번호 ▼ 값] 블록에 [블록] → [연락처_선택1]
  → [연락처_선택1 ▼.전화번호 ▼] 블록을 끼워 넣는다.

- [블록] → [전화1] → [호출 전화1 ▼.전화 걸기] 블록을 끼워 넣는다.

(3) 메시지 클릭

입력한 송신 메시지를 전송

01 [블록] → [메시지] → [언제 메시지 ▼.클릭] 블록을 선택하여 뷰어에 끌어다 놓고 다음과
같은 블록을 끼워 넣는다.

- [블록] → [문자_메시지1] → [지정하기 문자_메시지1 ▼.메시지 ▼ 값] 블록에 [블록] →
  [송신내용] → [송신내용 ▼.텍스트 ▼] 블록을 끼워 넣는다.

- [블록] → [문자_메시지1] → [호출 문자_메시지1 ▼.SendMessageDirect] 블록을 끼워 넣
  는다.

(4) 삭제 클릭

텍스트가 표시되는 컴포넌트의 값 지우기

[01] [블록] → [삭제] → [언제 삭제▼.클릭] 블록을 선택하여 뷰어에 끌어다 놓고 다음과 같은
블록을 끼워 넣는다.

- [블록] → [전송번호] → [지정하기 전송번호▼.텍스트▼ 값] 블록에 [공통 블록] → [텍스트] → ["□"] 블록을 끼워 넣는다.

- [블록] → [송신내용] → [지정하기 송신내용▼.텍스트▼ 값] 블록에 [공통 블록] → [텍스트] → ["□"] 블록을 끼워 넣는다.

- [블록] → [수신번호] → [지정하기 수신번호▼.텍스트▼ 값] 블록에 [공통 블록] → [텍스트] → ["□"] 블록을 끼워 넣는다.

- [블록] → [수신문자] → [지정하기 수신문자▼.텍스트▼ 값] 블록에 [공통 블록] → [텍스트] → ["□"] 블록을 끼워 넣는다.

(5) 문자 메시지 받음

수신된 메시지와 전화번호를 표시

[01] [블록] → [문제_메시지1] → [언제 문자_메시지1▼.메시지 받음] 블록을 선택하여 뷰어에
끌어다 놓고 다음과 같은 블록을 끼워 넣는다.

- [블록] → [수신문자] → [지정하기 수신문자▼.텍스트▼ 값] 블록에 [언제 문자_메시지1 ▼.메시지 받음] 블록의 [가져오기 메시지 텍스트▼] 블록을 끼워 넣는다.

- [블록] → [수신번호] → [지정하기 수신번호▼.텍스트▼ 값] 블록에 [언제 문자_메시지1 ▼.메시지 받음] 블록의 [가져오기 전화번호▼] 블록을 끼워 넣는다.

SECTION 3

파일 저장 프로젝트

학습목표

1. 파일 컴포넌트와 TinyDB 컴포넌트 블록을 이해할 수 있다.
2. 파일 컴포넌트를 활용하여 데이터를 저장하거나 불러올 수 있다.
3. TinyDB 컴포넌트로 데이터를 저장할 수 있다.

프로젝트 이름: saver_02

이번 SECTION에서는 Storage의 파일, TinyDB 컴포넌트를 이용하여 파일 저장 앱을 만들고자 한다. 간단한 서식을 적용할 수 있는 메모장에 내용을 입력한 후 설정된 저장 위치와 파일명으로 저장하고 TinyDB에 영구 저장하도록 한다.

1. 프로젝트 설계

알고리즘	1. 내용 입력하기 2. 파일 저장하기와 열기 3. 글자 크기 지정 변수 만들기 4. 색 지정 변수 만들기
프로그래밍 요소	1. 파일 : 파일 위치 지정하여 데이터 저장 2. List : 색상 저장 3. 전역변수 : 크기, 색 위치 변수 생성 4. 조건 : 만약~ 그러면

2. 완성 앱 미리 보기

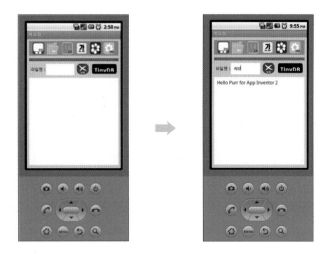

3. 디자인 설계

미디어	s1.png, s2.png, s3.png, s4.png, s5.png, s6.png, d1.png 이미지 파일을 업로드 한다.

4. 컴포넌트 설계

saver_02 앱을 만들기 위해 필요한 컴포넌트와 속성은 다음 표를 참고한다.

컴포넌트	이름 수정	속성
Screen1	Screen1	수평 정렬: 중앙, 배경색: 밝은 회색, 제목: 메모장
수평배치	간격1	높이: 2 percent
수평배치	메뉴틀	수평 정렬: 중앙, 수직 정렬: 가운데, 높이: 10 percent, 너비: 95 percent
버튼	저장	높이: 40 pixels, 너비: 40 pixels, 이미지: s2.png, 텍스트: (공백)
수평배치	세로1	너비: 3 percent
버튼	열기	높이: 40 pixels, 너비: 40 pixels, 이미지: s1.png, 텍스트: (공백)
수평배치	세로2	너비: 3 percent
버튼	크기	높이: 40 pixels, 너비: 40 pixels, 이미지: s4.png, 텍스트: (공백)
수평배치	세로3	너비: 3 percent
버튼	색	높이: 40 pixels, 너비: 40 pixels, 이미지: s3.png, 텍스트: (공백)
수평배치	세로4	너비: 3 percent
버튼	배경	높이: 40 pixels, 너비: 40 pixels, 이미지: s6.png, 텍스트: (공백)
수평배치	세로5	너비: 3 percent
버튼	기본값	높이: 40 pixels, 너비: 40 pixels, 이미지: s5.png
수평배치	간격2	높이: 2 percent
수평배치	선	배경색: 빨강, 높이: 2 percent, 너비: 95 percent
수평배치	간격3	높이: 2 percent
수평배치	하위메뉴틀	수평 정렬: 중앙, 수직 정렬: 가운데, 높이: 8 percent, 너비: 95 percent
레이블	레이블1	텍스트: 파일명:
텍스트 상자	파일이름	배경색: 흰색, 높이: 8 percent, 너비: 30 percent, 힌트: (공백)
수평배치	세로6	너비: 3 percent
버튼	삭제	높이: 40 pixels, 너비: 40 pixels, 이미지: d1.png, 텍스트: (공백)
수평배치	세로7	너비: 3 percent
버튼	영구저장	배경색: 검정, 글꼴 크기:20, 텍스트: TinyDB, 텍스트 색상: 흰색
수평배치	간격4	높이: 2 percent
텍스트 상자	내용_입력	배경색: 흰색, 글꼴 크기: 16, 높이: 60 percent, 너비: 95 percent, 힌트: (공백)

컴포넌트	이름 수정	속성
파일	파일1	–
TinyDB	TinyDB1	
알림	알림1	

5. 전체 블록코딩 소스

언제 배경 ▼ .클릭
실행   ⚙ 만약   가져오기 global 색위치 ▼ ≥ 4
       그러면   지정하기 내용_입력 ▼ . 배경색 ▼ 값   리스트에서 항목 선택하기 리스트   가져오기 global 색 ▼
                                                          위치   4
               지정하기 global 색위치 ▼ 값   0
       지정하기 global 색위치 ▼ 값   ⚙ 가져오기 global 색위치 ▼ + 1
       지정하기 내용_입력 ▼ . 배경색 ▼ 값   리스트에서 항목 선택하기 리스트   가져오기 global 색 ▼
                                                          위치   가져오기 global 색위치 ▼

언제 기본값 ▼ .클릭
실행   지정하기 global 색위치 ▼ 값   0
       지정하기 global 크기 ▼ 값   14
       지정하기 내용_입력 ▼ . 글꼴 크기 ▼ 값   가져오기 global 크기 ▼
       지정하기 내용_입력 ▼ . 텍스트 색상 ▼ 값   리스트에서 항목 선택하기 리스트   가져오기 global 색 ▼
                                                          위치   1
       지정하기 내용_입력 ▼ . 배경색 ▼ 값

언제 삭제 ▼ .클릭
실행   지정하기 내용_입력 ▼ . 텍스트 ▼ 값   " "

언제 영구저장 ▼ .클릭
실행   호출 알림1 ▼ .메시지창 나타내기
                        메시지   " TinyDB에 저장합니다. "
                        제목   " TinyDB "
                        버튼 텍스트   " 확인 "
       호출 TinyDB1 ▼ .값 저장
                        태그   파일이름 ▼ . 텍스트 ▼
                        저장할 값   내용_입력 ▼ . 텍스트 ▼

6. 블록코딩 소스 설명

| 제어 | 논리 | 수학 | 텍스트 | 리스트 |
| 색상 | 변수 | 함수 | 컴포넌트 속성 | |

(1) 전역변수 생성

색 위치 지정 변수와 색상을 리스트에 저장한 색 변수

01 [공통 블록] → [변수] → [전역변수 초기화 변수_이름 값] 블록을 선택하여 뷰어에 끌어다 놓고, 변수 이름에 "색위치"를 입력한다. [공통 블록] → [수학] → [0] 블록을 [전역변수 초기화 색위치 값] 블록에 끼워 놓는다.

02 [공통 블록] → [변수] → [전역변수 초기화 변수_이름 값] 블록을 선택하여 뷰어에 끌어다 놓고 변수 이름에 "색"을 입력한다. [공통 블록] → [리스트] → [⚙ 리스트 만들기] 블록에 놓고, [공통 블록] → [색상] → [■], [■], [■], [■] 블록을 연결하여 색 전역변수 블록에 끼워 넣는다.

(2) 저장 및 열기

저장 알림 메시지와 저장 위치 지정, 파일 읽어오기

01 [블록] → [저장] → [언제 저장 ▼.클릭] 블록을 선택하여 뷰어에 끌어다 놓고 다음과 같은 블록을 끼워 넣는다.

* [블록] → [알림1] → [호출 알림1 ▼.메시지창 나타내기] 블록의 메시지에는 [공통 블록] → [텍스트] → ["□"] 블록에 "저장합니다."를 입력, 제목에는 [공통 블록] → [텍스트] → ["□"] 블록에 "저장"을 입력, 버튼 텍스트에는 [공통 블록] → [텍스트] → ["□"] 블록을 연결하여 "확인"을 입력한다.

* [블록] → [파일1] → [호출 파일1 ▼.파일 저장] 블록의 텍스트에는 [블록] → [내용_입력] → [내용_입력 ▼.텍스트 ▼] 블록, 파일이름에는 [공통 블록] → [텍스트] → [⚙ 합치기] 블록을 끼워 넣은 후 [공통 블록] → [텍스트] → ["□"] 블록에 "/My Documents/"를 입력,

[블록] → [파일이름] → [파일이름▼.텍스트▼] 블록을 연결하여 끼워 넣는다.

02 [블록] → [열기] → [언제 열기▼.클릭] 블록을 선택하여 뷰어에 끌어다 놓고 다음과 같은 블록을 끼워 넣는다.

- [블록] → [파일1] → [호출 파일1▼.파일 읽어오기] 블록의 파일 이름에는 [공통 블록] → [텍스트] → [⚙ 합치기] 블록을 끼워 넣고, [공통 블록] → [텍스트] → ["□"] 블록에 "/My Documents/"를 입력한 후 [블록] → [파일이름] → [파일이름▼.텍스트▼] 블록을 연결하여 끼워 넣는다.

03 [블록] → [파일1] → [언제 파일1▼.텍스트 받음] 블록을 선택하여 뷰어에 끌어다 놓고 다음과 같은 블록을 끼워 넣는다.

- [블록] → [내용_입력] → [지정하기 내용_입력▼.텍스트▼ 값] 블록에 [언제 파일1▼.텍스트 받음] 블록의 [가져오기 텍스트▼] 블록을 끼워 넣는다.

(3) 크기 클릭

글자 크기 증가 값 계산

01 [블록] → [크기] → [언제 크기▼.클릭] 블록을 선택하여 뷰어에 끌어다 놓고 다음과 같은 블록을 끼워 넣는다.

- [공통 블록] → [변수] → [지정하기 global 크기▼ 값] 블록에 [공통 블록] → [수학] → [⚙ □+□], [공통 블록] → [변수] → [가져오기 global 크기▼], [공통 블록] → [수학] → [0] 블록을 연결하여 "2"를 입력한다.
- [블록] → [내용_입력] → [지정하기 내용_입력▼.글꼴 크기▼ 값] 블록에 [공통 블록] → [변수] → [가져오기 global 크기▼] 블록을 끼워 넣는다.

(4) 색 클릭

리스트에 저장된 색으로 텍스트 색상 지정

01 [블록] → [색] → [언제 색▼.클릭] 블록을 선택하여 뷰어에 끌어다 놓고, 다음과 같은 블록을 끼워 넣는다.

- [공통 블록] → [제어] → [⚙ 만약 그러면] 블록의 만약에는 [공통 블록] → [수학] → [□ ≥▼□], [공통 블록] → [변수] → [가져오기 global 색위치▼], [공통 블록] → [수학] → [0] 블록을 연결하여 "4"를 입력한다.

- [⚙ 만약 그러면] 블록의 그러면에는 [블록] → [내용_입력] → [지정하기 내용_입력▼.텍스트 색상▼ 값] 블록에 [공통 블록] → [리스트] → [리스트에서 항목 선택하기] 블록을 끼워 넣고, 리스트에는 [공통 블록] → [변수] → [가져오기 global 색▼], 위치에는 [공통 블록] → [수학] → [0] 블록을 연결하여 "4"를 입력한다.

- [⚙ 만약 그러면] 블록의 그러면에는 [공통 블록] → [변수] → [가져오기 global 색위치▼ 값] 블록에 [공통 블록] → [수학] → [0] 블록을 끼워 넣는다.

- [공통 블록] → [변수] → [지정하기 global 색위치▼ 값] 블록에 [공통 블록] → [수학] → [⚙ □+□], [공통 블록] → [변수] → [가져오기 global 색위치▼], [공통 블록] → [수학] → [0] 블록을 연결하여 "1"을 입력한다.

- [블록] → [내용_입력] → [지정하기 내용_입력▼.텍스트 색상▼ 값] 블록에 [공통 블록] → [리스트] → [리스트에서 항목 선택하기] 블록을 끼워 넣고, 리스트에는 [공통 블록] → [변수] → [가져오기 global 색▼], 위치에는 [공통 블록] → [변수] → [가져오기 global 색위치▼] 블록을 끼워 넣는다.

(5) 배경 클릭

리스트에 저장된 색으로 배경색 지정

01 [블록] → [배경] → [언제 배경▼.클릭] 블록을 선택하여 뷰어에 끌어다 놓고, 다음과 같은
블록을 끼워 넣는다.

- [공통 블록] → [제어] → [✿ 만약 그러면] 블록의 만약에는 [공통 블록] → [수학] → [□
  ≥▼□], [공통 블록] → [변수] → [가져오기 global 색위치▼], [공통 블록] → [수학] →
  [0] 블록을 연결하여 "4"를 입력한다.

- [✿ 만약 그러면] 블록의 그러면에는 [블록] → [내용_입력] → [지정하기 내용_입력▼.배
  경색▼ 값] 블록에 [공통 블록] → [리스트] → [리스트에서 항목 선택하기] 블록을 끼워 넣
  고, 리스트에는 [공통 블록] → [변수] → [가져오기 global 색▼], 위치에는 [공통 블록] →
  [수학] → [0] 블록을 연결하여 "4"를 입력한다.

- [✿ 만약 그러면] 블록의 그러면에는 [공통 블록] → [변수] → [가져오기 global 색위치▼
  값] 블록에 [공통 블록] → [수학] → [0] 블록을 끼워 넣는다.

- [공통 블록] → [변수] → [지정하기 global 색위치▼ 값] 블록에 [공통 블록] → [수학] →
  [✿ □+□], [공통 블록] → [변수] → [가져오기 global 색위치▼], [공통 블록] → [수학]
  → [0] 블록을 연결하여 "1"을 입력한다.

- [블록] → [내용_입력] → [지정하기 내용_입력▼.배경색▼ 값] 블록에 [공통 블록] → [리
  스트] → [리스트에서 항목 선택하기] 블록을 끼워 넣고, 리스트에는 [공통 블록] → [변수]
  → [가져오기 global 색▼], 위치에는 [공통 블록] → [변수] → [가져오기 global 색위치▼]
  블록을 끼워 넣는다.

(6) 기본값 클릭

색 리스트 위치, 글자 크기, 배경색 지정

[01] [블록] → [배경] → [언제 배경▼.클릭] 블록을 선택하여 뷰어에 끌어다 놓고 다음과 같은 블록을 끼워 넣는다.

- [공통 블록] → [변수] → [지정하기 global 색위치▼ 값] 블록에 [공통 블록] → [수학] → [0] 블록을 끼워 넣는다.

- [공통 블록] → [변수] → [지정하기 global 크기▼ 값] 블록에 [공통 블록] → [수학] → [0] 블록을 연결하여 "14"를 입력한다.

- [블록] → [내용_입력] → [지정하기 내용_입력▼.글꼴 크기▼ 값] 블록에 [공통 블록] → [변수] → [가져오기 global 크기▼] 블록을 끼워 넣는다.

- [블록] → [내용_입력] → [지정하기 내용_입력▼.텍스트 색상▼ 값] 블록에 [공통 블록] → [리스트] → [리스트에서 항목 선택하기] 블록을 끼워 넣고 리스트에는 [공통 블록] → [변수] → [가져오기 global 색▼], 위치에는 [공통 블록] → [수학] → [0] 블록을 연결하여 "1"을 입력한다.

- [블록] → [내용_입력] → [지정하기 내용_입력▼.배경색▼ 값] 블록에 [공통 블록] → [색상] → [□] 블록을 끼워 넣는다.

(7) 삭제와 영구 저장

입력 내용 지우기와 TinyDB에 저장

01 [블록] → [삭제] → [언제 삭제▼.클릭] 블록을 선택하여 뷰어에 끌어다 놓고 [블록] → [내용_입력] → [지정하기 내용_입력▼.텍스트▼ 값], [공통 블록] → [텍스트] → ["□"] 블록을 연결하여 끼워 넣는다.

02 [블록] → [영구저장] → [언제 영구저장▼.클릭] 블록을 선택하여 뷰어에 끌어다 놓고 다음과 같은 블록을 끼워 넣는다.

- [블록] → [알림1] → [호출 알림1▼.메시지창 나타내기] 블록의 메시지에는 [공통 블록] → [텍스트] → ["□"] 블록에 "TinyDB에 저장합니다."를 입력, 제목에는 [공통 블록] → [텍스트] → ["□"] 블록에 "TinyDB"을 입력, 버튼 텍스트에는 [공통 블록] → [텍스트] → ["□"] 블록을 연결한 후 "확인"을 입력한다.

- [블록] → [TinyDB1] → [호출 TinyDB1▼.값 저장] 블록의 태그에는 [블록] → [파일이름] → [파일이름▼.텍스트▼] 블록, 저장할 값에는 [블록] → [내용_입력] → [내용_입력▼.텍스트▼] 블록을 연결하여 끼워 넣는다.

연습 문제

1. **파일 컴포넌트를 이용하여 아래의 출력형태와 같은 앱을 만들어 봅시다.**

> 시계 컴포넌트를 이용하여 오늘 날짜가 표시 되고 일기 제목과 내용을 입력한 후 저장 버튼을 클릭하여 일기 제목명으로 텍스트 파일을 저장하며, 삭제 버튼으로 일기 내용을 지우도록 설계한다.

※ 디자인은 출력형태를 토대로 자유롭게 설계한다.

- 프로젝트명 : ch_13_ex_01

컴포넌트	속성 및 조건
레이블	제목 등 완성 앱 참조하여 자유롭게 설정
수평배치	1개 이상의 컴포넌트 배치에 사용
텍스트 상자	일기장 제목, 일기 내용 창
버튼	저장, 삭제
파일	일기 제목으로 파일 저장
시계	오늘의 날짜 출력

2. 소셜에 있는 전화, 문자 메시지 등의 컴포넌트를 이용하여 아래의 출력형태와 같은 앱을 만들어 봅시다.

> 연락처를 선택하여 문자 전송과 전화를 걸 수 있으며, list에 저장된 단체 연락처를 이용하여 반복문으로 단체 문자를 전송할 수 있다.

※ 디자인은 출력형태를 토대로 자유롭게 설계한다.

- 프로젝트명 : ch_13_ex_02

컴포넌트	속성 및 조건
레이블	제목 등 완성 앱 참조하여 자유롭게 설정
수평배치	선, 1개 이상의 컴포넌트 배치에 사용
연락처 선택	선택한 연락처로 전화 걸기와 문자 전송
전화	선택한 연락처로 전화 걸기
문자 메시지	선택한 연락처로 문자 메시지
텍스트 상자	문자 내용 입력
버튼	개별 문자, 단체 문자 전송(list에 연락처 데이터 저장)

3. TinyDB 컴포넌트를 이용하여 아래의 출력형태와 같은 앱을 만들어 봅시다.

> 고객명, 등급, 매출액, 등록년도를 입력 및 선택하여 리스트와 TinyDB에 저장, 조회, 삭제할 수 있으며, TinyDB에 저장된 내용을 모두 삭제할 수 있다.

※ 디자인은 출력형태를 토대로 자유롭게 설계한다.

- 프로젝트명 : ch_13_ex_03

컴포넌트	속성 및 조건
레이블	제목 등 완성 앱 참조하여 자유롭게 설정
수평배치	1개 이상의 컴포넌트 배치에 사용
스피너	목록값으로 VVIP, VIP, GOLD, SILVER 설정
텍스트 상자	고객명, 매출액, 등록년도 입력
버튼	리스트와 TinyDB에 저장, 조회, 삭제, 초기화
TinyDB	데이터 저장

4. **공유 컴포넌트를 이용하여 아래의 출력형태와 같은 앱을 만들어 봅시다.**

> 입력한 텍스트와 선택한 이미지를 다른 앱으로 공유할 수 있다.

※ 디자인은 출력형태를 토대로 자유롭게 설계한다.

- 프로젝트명 : ch_13_ex_04

컴포넌트	속성 및 조건
레이블	제목 등 완성 앱 참조하여 자유롭게 설정
수평배치	선, 1개 이상의 컴포넌트 배치에 사용
텍스트 상자	메시지 내용 입력
공유	메시지나 사진을 다른 앱으로 공유
이미지 선택	이미지 선택하기(이미지 파일은 자유롭게 활용)
버튼	전송, 전송하기

INDEX

App Inventer

App Inventer